Christof Gramm

Entdecken Sie Ihren inneren Kompass

Christof Gramm

Entdecken Sie Ihren inneren Kompass

Schlüsselqualifikation Achtsamkeit

Kreuz

Bibliografische Information der Deutschen Bibliothek
Die Deutsche Bibliothek verzeichnet diese Publikation in der Deutschen Nationalbibliografie; detaillierte bibliografische Daten sind im Internet über http://dnb.ddb.de abrufbar.

Postfach 80 06 69, 70506 Stuttgart

www.kreuzverlag.de

Umschlaggestaltung: P.S. Petry & Schwamb, Agentur für Marketing und Verlagsdienstleistungen, Freiburg
Umschlagbild: © Images.com/Corbis
Satz: de·te·pe, Aalen
Druck: Clausen & Bosse, Leck

ISBN 978-3-7831-2971-7

Inhalt

Einleitung

Achtsamkeit ist keine nach innen gerichtete oder weltabgewandte Haltung. Achtsamkeit ist eine grundlegende menschliche Fähigkeit, die uns in praktisch allen Lebenslagen eine Hilfe sein kann. Das gilt für kleine Alltagssituationen ebenso wie für die großen Herausforderungen des Lebens. Und sie ist eine Schlüsselqualifikation: Leben wir achtsam, erkennen wir mit wachem Blick, was für uns wichtig ist. Auf diese Weise fällt es wesentlich leichter, sich im Leben zurechtzufinden.

Wenn wir achtsam leben, nehmen wir die Welt um uns herum wahr. So können wir uns orientieren und unsere Urteilskraft entwickeln. Erst dann sind wir in der Lage, die für uns und unsere Mitwelt richtigen Schritte zu gehen. Wer achtsam ist, kann falsche Schritte korrigieren. Damit ist Achtsamkeit so etwas wie praktisch angewandte Lebensklugheit. Wer kann auf so eine Fähigkeit in der heutigen, komplexen Welt verzichten?

Achtsamkeit beginnt bei der Wahrnehmung der eigenen Person. Wie achtsam gehen Sie eigentlich mit sich selbst um? Wenn Ihnen die notwendige Achtsamkeit fehlt, schaden Sie leicht sich selbst und ihren Mitmenschen. Das beginnt bei alltäglichen Situationen. Sie kennen das womöglich: Vor lauter Stress achten Sie kaum auf die Warnsignale Ihres Körpers, der eigentlich ein wenig Ruhe gebrauchen könnte. Was passiert in dem Fall? Sie werden krank. Oder wenn Sie nicht achtsam mit Ihren Finanzen umgehen, landen Sie leicht in der Schuldenfalle. Achten Sie im Straßenverkehr nicht auf die anderen Autos, stellen Sie ein Verkehrsrisiko dar – für sich selbst und für andere. Auch unrealistische Vorstellungen von Ihren eigenen Fähigkeiten sind ein Zeichen mangelnder Achtsamkeit.

Erwarten Sie zu viel von sich, etwa in Bezug auf Ihre Karriere, werden Sie bald sehr frustriert sein. Wer im Berufsleben nur seinen eigenen Erfolg sieht und andere weder wahrnimmt noch schont, der lebt gefährlich. Vor allem macht ein solcher Mensch sich Feinde. Und wie sehr achten Sie auf die Bedürfnisse Ihres Partners[1] und Ihrer Familienmitglieder? Fehlt es Ihnen hier an Achtsamkeit, wird das Familienleben nicht sehr glücklich aussehen.

All das zeigt: Achtsamkeit ist in vielen Lebenssituationen vonnöten. Wer achtsam lebt, kann ein persönliches Scheitern zwar nicht ausschließen, doch unsere Lebensqualität verbessert sich ungemein, wenn wir auf uns und unsere Werte achten.

Unser innerer Kompass richtet sich sehr grundsätzlich nach unseren Werten und unseren ganz persönlichen Zielen. Also müssen wir fragen: Wonach streben wir? Was ist uns wirklich wichtig im Leben? Sind wir uns unserer Ziele überhaupt noch bewusst? Haben sich unsere Prioritäten womöglich verändert, ohne dass wir darauf geachtet haben? Achtsamkeit hilft dabei, sich über diese Fragen Klarheit zu verschaffen und mit neuem Schwung unseren Werten und Zielen zu folgen.

Achtsamkeit, Wahrnehmungskraft, Zielstrebigkeit und Lebensqualität: Wer es versteht, achtsam zu leben, der erschließt sich den Augenblick. Zahlreiche »Zwischenstopps« und praktische Übungen begleiten Sie in diesem Buch auf Ihrem Weg zu mehr Achtsamkeit.

Entdecken Sie Ihren inneren Kompass!

1 Ich weise darauf hin, dass die männliche Sprachform (z.B. Mitarbeiter) in der Regel auch für die weibliche Sprachform (z.B. Mitarbeiterinnen) steht. Diese Darstellungsform soll der besseren Lesbarkeit dienen. Selbstverständlich dürfen sich jedoch alle Menschen angesprochen fühlen.

I. Teil:
Achtsamkeit: Eine grundlegende menschliche Fähigkeit

1. Was ist Achtsamkeit?

(1) Achtsamkeit – eine Fähigkeit wie viele andere?

Achten Sie auf das Wort: Was bedeutet Achtsamkeit? Lassen Sie sich den Begriff einmal auf der Zunge zergehen. Woran denken Sie? Wann verhält sich jemand achtsam? Verfügen wir über Achtsamkeit, dann können wir uns selbst, andere Menschen und unsere Umwelt wahrnehmen. Im Wort »Achtsamkeit« steckt das Wort »achten«.

Die Fähigkeit, sich und andere zu achten und achtsam miteinander umzugehen, ist allerdings schwer zu fassen, kommt sie doch überall und nirgends zum Einsatz. Wir benötigen sie im alltäglichen Leben oft dringend. Wie verhalten wir uns etwa in einer großen Menschenansammlung? Worauf achten wir dabei? Achtsamkeit ist nötig, wenn wir uns mit unserem Leben und seinem Sinn beschäftigen, wenn wir Richtungsentscheidungen treffen sollen.

Zwischenstopp

Welche grundlegenden Fähigkeiten erwarten Sie von sich selbst?

- in Ihrem engeren privaten Umfeld (Partner, Familie, Freunde)?
- am Arbeitsplatz (Kollegen, Vorgesetzte, Untergebene)?
- in anderen Gemeinschaften (Verein, Kirche, Politik)?
- im Umgang mit sich selbst?

Dieses Buch handelt von der Schlüsselqualifikation Achtsamkeit. Es geht mir dabei im Übrigen nicht um die konkrete Achtsamkeit im Beruf, die man aus Erfahrung gewinnt. Ich spreche von Achtsamkeit als einer übergreifenden Befähigung. Bei näherer Betrachtung handelt es sich hierbei sogar um ein ganzes Bündel von Fähigkeiten.

(2) Achtsamkeit: Mehr als eine Entspannungstechnik

Achtsamkeit steht häufig im Zusammenhang mit Entspannung und Meditation. Im Buddhismus ist diese Fähigkeit eine Grundhaltung gegenüber dem Leben. Wir sollen innerlich wach sein und mit allen Sinnen vorurteilsfrei und ganzheitlich die Menschen und Dinge um uns herum erfassen. Achtsamkeit ist im Buddhismus die entscheidende Voraussetzung für jede menschliche Betätigung. Buddhisten zufolge sollte Achtsamkeit der Höhepunkt der Entwicklung des menschlichen Geistes sein. Buddha nannte sie den »einzigen Weg«, um körperliches und geistiges Leiden überwinden zu können. In traditioneller Hinsicht hat die Schulung der eigenen Achtsamkeit die Überwindung von Gier, Hass und Verblendung zum Ziel. Wer achtsam ist, befindet sich in der Gegenwart, ganz im Hier und Jetzt, und ist sich der eigenen Gefühle, Gedanken und Handlungen jederzeit bewusst. Über die Meditation hinausgehend empfiehlt der Buddhismus, Achtsamkeit zu einer das ganze Leben umfassenden Geisteshaltung zu machen. Diese umfasst die Achtsamkeit auf den Körper, Achtsamkeit auf die Gefühle und Empfindungen, Achtsamkeit auf den Geist sowie die Achtsamkeit auf Geistobjekte.

Der Begriff Achtsamkeit steht im Deutschen auch für das englische Wort *mindfulness.* Mindful people sind aufmerksam, wach und geistesgegenwärtig. Im deutschen Ausdruck Achtsamkeit steckt jedoch mehr: Eine echte Schlüsselqualifikation für das Leben.

(3) »Gib auf dich acht«: Was unsere Sprache verrät

»Geben Sie auf sich acht!« hören wir oft, wenn es uns nicht gut geht. Dahinter steckt die Aufforderung: »Gehen Sie sorgfältig mit sich selbst um! Tun Sie nichts, was Ihnen schaden könnte!« Gehen wir hingegen achtlos mit uns selbst um, fehlt uns die Fürsorge für uns selbst oder andere. Was steckt dahinter?

Zur Achtung gehören auch der Respekt und die Fähigkeit zu vorausschauendem und verantwortlichem Handeln. Achtsamkeit ist in der deutschen Sprache eine praktische Hilfe für das alltägliche Leben. In dem Wunsch, der andere möge gut auf sich achtgeben, schwingt zudem eine große Portion Sympathie mit. Wir bringen damit zum Ausdruck: »An Ihnen liegt mir etwas!«

Wer es versteht, achtsam zu leben, verfügt über einen inneren Kompass für sein Leben und das Zusammenleben mit anderen. Doch wie können wir lernen, achtsam mit uns und anderen umzugehen?

(4) Achtsamkeit: Intuition und Verstand arbeiten gemeinsam

Achtsamkeit ist mehr als Konzentration, Meditation und Innerlichkeit, auch wenn wir dabei zu einem großen Teil auf unser Innenleben achten. Es gilt, aufmerksam zu leben und Menschen und Dinge sorgfältig und gelassen wahrzunehmen. Dafür müssen wir uns der Welt um uns herum bewusst sein. Geistesgegenwart ist deswegen ein wesentliches Element von Achtsamkeit.

Auch dies allein macht Achtsamkeit nicht aus. Für ein achtsames Leben benötigen wir auch die Kraft, uns in andere einzufühlen und Empathie zu zeigen. Damit wollen wir Achtsamkeit keineswegs auf ein reines Bauchgefühl reduzieren. Nutzen wir lieber all unsere Fähigkeiten der Wahrnehmung. Um achtsam zu leben, benötigen wir neben der Intuition auch Verstand und praktische Urteilskraft.

Alle Fähigkeiten gemeinsam helfen uns, in einer Situation möglichst richtig zu entscheiden: Was sollen wir tun? Was lassen wir besser sein? Dazu müssen wir uns auch der richtigen Maßstäbe für unser Handeln bewusst sein. Wenn wir unsere Mitwelt sorgfältig beobachten und ein gutes Gespür für Menschen und Dinge entwickeln, finden wir leichter die passenden Lösungen und Entscheidungen für bestimmte Situationen.

Achtsamkeit zu entwickeln, bedeutet also: Gehen wir pfleglich und wertschätzend mit uns selbst und unserer Mitwelt um!

(5) Achtsamkeit: Was hindert uns?

Hindernisse verstellen uns gern den Weg zu einem achtsamen Leben. Warum sonst wäre der Wunsch »Geben Sie gut auf sich acht« so verbreitet? Bedrohliche Urerfahrungen klingen hier mit an. Die Aufforderung »Sei vorsichtig« ist eng verwandt mit »Gib auf dich acht«. Voraussicht, Vorsorge und Fürsorge, um Bedrohliches nach Möglichkeit fernzuhalten, gehören zur Achtsamkeit.

Eine Variante davon kann sich auch aktiv gegen jemanden wenden. So hört, wer nicht achtsam ist, schon einmal: »Nimm dich bloß in acht!« Damit wird er auf eine Grenzüberschreitung aufmerksam gemacht und gewarnt. Dieser Mensch hat sein Gegenüber und dessen Bedürfnisse nicht ausreichend beachtet, oder sogar missachtet.

Mit einer von Achtsamkeit getragenen inneren Haltung gehen wir ganz anders an kritische Lebenssituationen heran. Gefühl und Verstand sind dabei in gleicher Weise gefordert.

Zwischenstopp

- Worauf richten Sie Ihre Aufmerksamkeit im Alltag?
- Können Sie Ihrem inneren Kompass trauen?
- Zeigt er Ihnen an, was Ihnen in einer Situation wichtig ist?
- Wie können Sie sicher sein, dass Ihnen nichts Bedeutsames entgeht?

2. Achten Sie auf Ihre Lebensziele und Lebenswerte?

(1) Kennen Sie Ihre Ziele und Werte?

Achtsamkeit benötigen wir nicht nur im Alltag oder in schwierigen Situationen. Wir alle folgen, ob bewusst oder unbewusst, bestimmten Zielen in unserem Leben. Manche nennen diese Ziele Erwartungen und Ideale, andere sprechen lieber von Leitbildern, Triebkräften oder dem Sinn ihres Lebens. Es geht um alles, was uns wertvoll ist. Das können eigene Bedürfnisse sein, aber auch andere Menschen und abstrakte oder materielle Güter.

Sind wir achtsam, so haben wir ein Gespür für unsere Ziele entwickelt und pflegen sie auch. Unsere Ziele und Wertvorstellungen lenken uns, allerdings haben wir meist mehrere davon – und die können sich durchaus untereinander widersprechen. Ein Ziel kann mit einem anderen leicht im Wettstreit stehen. Allein schon, weil Zeit ein beschränktes Gut ist, wird kaum jemand alle Ziele in vollem Umfang verwirklichen können.

Eine Frau kann zum Beispiel ein bestimmtes Ziel in ihrer Karriere erreichen und gleichzeitig eine perfekte Mutter sein wollen. Oder ein Sportler liegt mit sich selbst im Widerstreit, wenn er ein Glas Wein und ein üppiges Essen genießt. Ein leistungsbezogener Mensch ringt mit sich, weil er gern ein Buch um seiner selbst willen lesen möchte, statt Lektüre zu seinem Beruf durchzuarbeiten.

Dazwischen melden sich immer wieder andere Stimmen zu Wort. Ziemlich penetrant können jene inneren Stimmen werden, die nach Nahrung, Schlaf und Sex verlangen. Wenn wir versuchen, diese Stimmen zu unterdrücken, suchen sie regelmäßig andere Mittel und Wege, um sich Beachtung zu verschaffen. Andere Ziele sind uns dagegen von vornherein verstellt: Ist jemand total unsportlich, wird er es kaum zum Olympiasieger bringen.

(2) Achten Sie auf den Spielraum: Mögliche und unmögliche Ziele

Wir haben in jeder Phase des Lebens einen gewissen Spielraum. Die Frage ist dabei immer, wie groß dieser Spielraum ist. In jeder Lebensphase gestaltet er sich anders. Ein Jugendlicher in der Pubertät hat andere Ziele und Grenzen als ein Mensch in Rente. Unser Spielraum verringert sich, wenn wir eine Familie mit Kindern gründen oder eine anstrengende Phase im Beruf durchmachen.

Nicht nur unsere äußere Lebenssituation wandelt sich. Auch unsere Ziele verschieben sich im Verlauf des Lebens. Unsere persönlichen Prioritäten wechseln. Das jeweils passende Ziel für unser gegenwärtiges Leben zu finden – das ist die große Lebensaufgabe. Manchmal tun wir uns damit leicht. Zu anderen Zeiten kommt uns die Aufgabe riesig und grundsätzlich vor. Achtsamkeit bedeutet auch: unseren Weg zu gehen, die zu uns passenden Lebenswerte zu finden und unsere Ziele dann trotz diverser Hürden mutig zu verfolgen.

(3) Die Angst vor dem Lebensziel: Nur nicht zu früh festlegen!

Wohlstand ist zweifellos angenehm. Tatsächlich wird das Leben aber nicht dadurch einfacher, dass wir jederzeit und überall aus möglichst vielen Gütern und Zielen wählen können. Viele Menschen plagt daher die Sorge: Wie können sie sicher sein, die richtige Wahl für ihr Leben und ihre Ziele zu treffen? Dann tritt plötzlich die drängende Frage in den Vordergrund: Wie kann ich den richtigen Urlaubsort aus der Fülle des Angebots finden?

Mit solchen Fragen können wir uns bis zur Zermürbung beschäftigen. Manchen zerrinnt in der Angst, den richtigen Ort für das eigene Glück zu verfehlen, soviel Zeit und Energie, dass Sie zu nichts anderem mehr kommen. Mit wachsenden Möglichkeiten wachsen der Stress und die Sorge, das Ziel und damit das gute Leben zu verpassen. Dahinter lauert in Wahrheit nichts anderes als die tiefsitzende Angst: Wir könnten das eigentliche Leben verpassen und womöglich ein ganz »falsches« Leben leben. Den modernen Menschen quält heute oft die Frage: Wie kann ich je sicher sein, die richtige Wahl zu treffen angesichts der Fülle der Möglichkeiten?

Das persönliche Unglück ist damit nicht mehr unabänderliches Schicksal, sondern es wird als persönliches Versagen erlebt. Je mehr wir uns auf das Diesseits im Leben konzentrieren, desto stärker wird das Leben zur »letzten Gelegenheit«, die es unbedingt zu ergreifen gilt. Wenn man doch nur wüsste, wo der richtige Griff ist!

Eine verbreitete Strategie im Umgang mit dieser Unsicherheit besteht darin, sich so spät wie möglich auf etwas konkret festzulegen. Wer eine Entscheidung aufschiebt, macht zumindest nichts falsch. Dieses Verhalten ist bei Jungen und Alten gleichermaßen verbreitet. Fragt man zum Beispiel: »Hast du heute Zeit für mich?« erhält man häufig zur Antwort: »Ich weiß es noch nicht.« Auf diese Weise kann man sich alles so lange wie möglich offenhalten – um nicht vielleicht etwas Besseres zu verpassen.

Viele Möglichkeiten zu haben, wirkt verführerisch. Man fühlt sich reich und ungebunden und glaubt gern: Ich habe das Beste noch vor mir! Jede Entscheidung für eine bestimmte Möglichkeit ist immer eine Entscheidung gegen alle anderen Möglichkeiten. Das Leben wird dadurch eng und gefährlich – jedenfalls so lange man nicht sicher ist, die beste Entscheidung getroffen zu haben. Diese Sicherheit gibt es jedoch selten – im Kleinen wie im Großen.

Wir werden auf diese Weise leicht zu Getriebenen der äußeren Umstände. Und die unentschiedenen Fragen blockieren noch dazu die eigenen Energien. Einerseits steht uns zwar scheinbar alles offen. Doch irgendwie fühlen wir uns matt. Warum? Wir haben immer noch Angst, im weiten Meer der Möglichkeiten zu ertrinken. Die Angst, das Beste zu verpassen, wird auf diese Weise noch verstärkt. Wenn wir wissen, was man alles falsch machen kann, wissen wir eben noch lange nicht, was uns guttut.

Eine ganze Ratgebersparte widmet sich inzwischen der Bewältigung der Verunsicherung, die mit dem Überangebot an Gütern, Zielen und ganz allgemein an Möglichkeiten für die individuelle Lebensführung verbunden sind. Dabei geht es darum, überflüssige und belastende Dinge in allen Lebensbereichen wegzulassen. Die Botschaft des Bestsellers »Simplify your life« ist in der Tat ganz simpel: Orientierung und Lebensqualität durch Konzentration auf das Wesentliche. Das gilt mehr oder weniger für alle Lebensbereiche. Die Konzentration auf das Wesentliche verheißt neue Lebensqualität: Klarheit, Einfachheit, Echtheit und Wahrheit.

Das klingt vielversprechend. Doch auch die Simplify-Bewegung kommt nicht umhin, erst einmal zu klären, was das eigentlich ist: das Wesentliche. Ohne Leitbilder kommt diese Orientierungshilfe nicht aus. Mit Achtsamkeit behalten wir unsere Leitbilder immer im Auge: Aufmerksam, aber kritisch.

(4) Auf welche Werte achten Sie?

Haben Sie sich schon gefragt, welches Lebensziel Sie haben? Ist es ein großes Ziel? Sind es mehrere?

Die meisten Menschen haben mehr als ein Ziel. Wir finden nicht nur eine Sache wichtig, nicht nur ein Mensch steht uns nahe. Dementsprechend nähern wir uns den wesentlichen Zielen im Leben nicht immer auf einer Geraden. Zudem ändert sich unsere Perspektive darauf, was aktuell das Wichtigste für uns ist, laufend.

Wachsender Wohlstand, zunehmendes Lebensalter und zunehmende Bildung machen die Wahl nicht gerade leichter. So verlieren wir die wesentlichen Ziele schon einmal aus den Augen. Robinson Crusoe hatte es in seiner Einsamkeit und Not vergleichsweise einfach, seine Ziele zu erkennen. Für ihn war all das wesentlich, was er zum Überleben brauchte.

Als Gegenstück dazu porträtiert Woody Allen in seinen Filmen gerne die bizarren Schwierigkeiten moderner Wohlstandsmenschen bei ihrer Suche nach dem Lebensglück. Die Komik entsteht gerade dadurch, dass – und vor allem wie – die Menschen dieses Glück nie so ganz treffen. Wir spiegeln uns in Allens immer gleicher Botschaft: Das gute Leben ist unendlich kompliziert.

Nach dem Film wieder im eigenen Leben angekommen, stehen wir selbst vor der Frage: Was ist uns hier und heute wichtig?

Dabei ist das Wesentliche weder abstrakt noch theoretisch. Wir möchten nur gern die großen und die kleinen Lebensziele, die langfristigen und die kurzfristigen, irgendwie unter einen Hut bringen. Wenn wir unsere verschiedenen Ziele ergründen und unterscheiden können, werden sie greifbar. Die Bedürfnisse des Erfolgsmenschen in uns wollen gleichermaßen befriedigt sein, wie jene des Genussmenschen, des Kulturmenschen oder des Familienmenschen. Erst wenn uns dieser Ausgleich einigermaßen gelingt, fühlen wir uns zufrieden und befriedigt. Unsere Zeit- und Lebensplanung wird damit zur komplexen Aufgabe. Nicht immer geht es um klar zu verfolgende, lineare Ziele, denen wir uns Schritt für Schritt nähern.

Aus dem Zeitmanagement hat sich eine ganze Reihe von Techniken entwickelt, die uns helfen sollen, unser Leben gemäß unseren Zielen zu planen und letztlich zu leben. Eine wichtige Grundidee besteht darin: Unsere persönlichen Prioritäten sind ständig im Wandel. Tagtäglich geht es darum, sie neu zu überprüfen. Auch wenn uns dies nicht bewusst ist: Wir setzen täglich Schwerpunkte. Manche Prioritäten kommen, andere verschwinden im Lauf der Zeit. Manche Ziele bleiben dagegen ein Leben lang erstaunlich konstant. Wir erkennen sie oft erst mit zunehmendem Lebensalter.

(5) Falsche und scheinbare Ziele

Ärgerlicherweise machen wir auch bei der Wahl unserer wichtigsten Ziele Fehler. Für Ihre Prioritäten ist niemand außer Ihnen selbst verantwortlich. Das gilt für alle großen Lebensbereiche: Für Ihren Körper und Ihre Gesundheit, für Ihre Beziehungen zu anderen Menschen, für Ihre Leistung und Ihre Arbeit ebenso wie für Kultur und Sinnfragen. Und es gilt für Ihr ganzes Leben: Sie müssen ständig über das aktuell Wichtigste entscheiden. Hier ist Achtsamkeit vonnöten. Ziele, die sich als falsch erwiesen haben, kann man korrigieren, neue auswählen.

Zwischenstopp

- Welche großen und langfristigen Ziele verfolgen Sie in Ihrem Leben?
- Welche Ziele stehen heute für Sie im Vordergrund?
  Welche eher im Hintergrund?
- Stimmen Ihre Ziele noch?
  Wollen Sie einige nicht weiter verfolgen?
- Haben sich neue Ziele entwickelt?
- Ist die Hierarchie Ihrer Ziele gleich geblieben?
  Welche Prioritäten haben sich verändert?

Damit aus Ihren Zielen ein schlüssiges Bild wird, muss auch ihre Anordnung zueinander passen. Ihre Ziele sollten einander gegenseitig nichts nehmen, sondern sich gut ergänzen. Strahlen diese Ziele weiterhin? Überprüfen Sie dies von Zeit zu Zeit. Nehmen Sie sich ein Ziel nach dem anderen vor und fragen Sie sich: Wie geht es mir beim Gedanken daran? Manch ein Ziel wird sich in bestimmten Lebensphasen mehr in den Vordergrund drängen. Werfen Sie hin und wieder einen achtsamen Blick auf die weniger hell strahlenden und entfernteren Ziele.

Der Weg zu mehr Achtsamkeit in Ihrem Leben führt über einen sensiblen Umgang mit Ihren Zielen und Werten! Ignorieren Sie Ziele, die für Sie nicht mehr passen, kann es hingegen leicht in die falsche Richtung gehen. Dann fühlen wir uns gefangen – und wissen oft nicht einmal genau, warum das so ist. Wir entwickeln uns kaum mehr und werden immer unglücklicher. So blockiert ist kaum ein Mensch wirklich froh.

(6) Vermeidungsziele: Besser vermeiden!

Man kann Ziele negativ oder positiv formulieren, abstrakt oder genau. Vermeiden Sie aber eine Form: Setzen Sie sich keine negativen Ziele. Bei solchen Zielen liegt der Fokus nur auf der Vermeidung von etwas. Ein Beispiel: »Ich will nicht unattraktiv und nicht arm sein.« Mit einem solchen Ziel kommen Sie niemals weiter. Vermeidungsziele verfügen über keinerlei eigene Strahlkraft. Sie wirken eher wie ein schwarzes Loch, das Ihre Energien aufsaugt. Warum ist das so? Die Antwort ist einfach: Sehen Sie mit einem solchen Ziel vor Augen Ihr eigentliches Ziel? Nein. Wir sehen nur, was wir nicht wollen. Also liegt der Fokus erneut auf dem Mangel. Wir ahnen auch kaum, ob wir eigentlich schon angekommen sind.

Wer sein Leben mit negativen Zielen zupflastert, der erntet allenfalls die Freude, dass dieser oder jene befürchtete Fall nicht eingetreten ist. Vermeidungsziele können Angst auslösen. Vermeidungsdenker fühlen sich von den zu vermeidenden Situationen ständig bedroht.

Negative Ziele entkräften und machen krank. Das Gehirn kann Vermeidungsziele gar nicht speichern. Die Gefahr: Im Kopf bleibt nur die negative Vorstellung übrig – sie wirkt wie eine »self fulfilling prophecy«. Achten Sie also darauf, Ziele positiv zu formulieren. Wo möchten Sie hin? Je konkreter Sie Ihre Ziele dabei fixieren, umso besser. Entwickeln Sie klare Vorstellungen darüber. Fragen Sie sich etwa: Was bedeutet es für Sie persönlich, attraktiv und wohlhabend zu sein? Behandeln Sie Ihre Ziele stets achtsam und voller Behutsamkeit.

(7) Trainieren Sie das Gespür für Ihre Möglichkeiten

Das Leben ist voller Chancen, aber auch voller Sackgassen und Fallen. Beides zu unterscheiden, das fällt nicht immer leicht. Viele Fallen sind gut getarnt und sehen auf den ersten Blick wie Chancen aus. Das gilt manchmal auch für unsere Lebensziele. Nicht alles, was Glück verspricht, macht uns tatsächlich glücklich. Wir erwarten uns großes Glück – und sind entsprechend enttäuscht, wenn es nicht eintritt. Das ist nicht verwunderlich angesichts der Fülle an vermeintlichen Glücksversprechen, die uns umgeben.

Falsche oder überzogene Erwartungen an das Glück resultieren aus unserem Wunsch nach Fülle. Bleiben sie unerfüllt, reagieren wir beleidigt oder sogar bitterböse. Dies tritt häufig gerade in der vermeintlich schönsten Zeit des Jahres ein: während des Sommerurlaubs. Die Erwartungen sind hoch: endlich Zeit, um glücklich zu sein! Stress und Risiken sind allerdings groß. Die Gesundheit kann in Gefahr sein, aber auch viele Scheidungen und Trennungen geschehen nach der Urlaubszeit. Schließlich ist es schwer, die Erwartungen verschiedener Menschen einigermaßen unter einen Hut zu bringen.

Hier gilt es, achtsam mit den eigenen Erwartungen umzugehen – und diese realistisch zu betrachten. Fassen Sie lieber realistische Lebensziele. Sie müssen zu Ihnen und zu Ihrer Lebenssituation passen.

Bedenken Sie dabei: Schwankungen in Ihrer persönlichen Glücksbilanz gehören zum Leben. Wir sollten lernen, damit umzugehen und das Auf und Ab auszuhalten. Große Erwartungen sind schließlich auch ein Ausdruck von Optimismus und Lebenskraft. Ein gesunder Mensch kann mit Frustrationen umgehen. Dann gilt es, sich umzuorientieren und die eigenen Erwartungen an die Lebenssituation anzupassen.

(8) Trainieren Sie Ihren Sinn für Entwicklungen

Unerfüllte Erwartungen stellen immer eine Herausforderung dar. Zum Problem werden sie, wenn vermeintliche Chancen sich als deren Gegenteil entpuppen. Wir bemerken solche Umschlagpunkte zunächst oft nicht. Die negativen Folgen stellen sich nicht von heute auf morgen ein, sie zeigen sich schleichend. Unsere Wahrnehmung ist darauf nicht eingestellt. Erst allmählich erkennen wir: Die Veränderungen sind größer und schmerzhafter als erwartet. Bis wir den Fehlentwicklungen gegensteuern, ist es manchmal zu spät.

Erschwerend kommt hinzu: Selbst in einer Krise halten wir am liebsten an bewährten Zielen und Verhaltensmustern fest. Mit vorausschauender Achtsamkeit können wir Umschlagpunkte rechtzeitig erkennen und mit den Tatsachen besser umgehen. Wesentlich ist dabei häufig nicht die Größe einer Veränderung, sondern der klare Blick dafür. Es bedarf des richtigen Fingerspitzengefühls, um an den passenden Stellen mit Veränderungen anzusetzen.

Wenn wir unsere eigenen Ziele verändern wollen, dann gilt: Radikale Wechsel sind zumeist riskant. Wir stellen dann selbst die guten Seiten unseres bisherigen Lebens stark in Frage. Wollen wir achtsam mit einer solchen Sinnkrise umgehen, müssen wir das eigene Leben nicht neu erfinden. Es geht um behutsame Ansätze, um sich für die passenden Veränderungen in einer Situation zu entscheiden. Wir ordnen unsere Ziele und Einstellungen neu.

Manchmal tappen wir in eine Falle und wollen diese nicht wahrhaben. Viele Menschen geben dann gerne vor: »Es ist alles okay, ich habe alles im Griff.« Das mag einige Zeit gut gehen, aber nicht für immer.

Auch der Manager, der im Gespräch mit einem Aussteiger in eine Sinnkrise geriet, hätte es nicht so weit kommen lassen sollen. Immerhin spürte er: Er befand sich in einer Lebensfalle. Doch schon früher hätte er besser auf sich selbst achten und öfter in sich hinein hören sollen.

Auch Beziehungen zu anderen Menschen gehen selten von heute auf morgen in die Brüche. Achtsamkeit bedeutet, seinen Sinn für Entwicklungen und für Veränderungen zu schulen. Dies gilt nicht nur für Beziehungen zu anderen Menschen, sondern auch für die eigenen Lebensziele.

Zwischenstopp

- Will ich das, was ich heute mache, auch in Zukunft tun?
- Will ich das wirklich?
- Erkenne ich mich in dem wieder, was ich tue?
- An welchen Schrauben muss ich drehen, um das Gewünschte zu verändern?

Achtsamkeit für sich, für andere und vor allem für die eigenen Leitwerte kann man lernen. Sie müssen deswegen nicht in einen totalen Erneuerungswahn ausbrechen. Achtsamkeit bedeutet nicht, das eigene Leben komplett neu zu erfinden. Vieles läuft wahrscheinlich gut.

Lernen Sie zu erkennen, was gut läuft. Schärfen Sie Ihre Sinne für das Gute und achten Sie es! Schenken Sie den positiven Seiten Ihres Lebens Achtung, auch wenn sie Ihnen allzu selbstverständlich erscheinen. Das sind sie nämlich nicht immer. Oft bemerken wir erst im Moment des drohenden Verlusts, wie gut etwas war.

Erkennen Sie aber auch: Was läuft nicht so gut?

Ich präsentiere Ihnen in den folgenden Kapiteln unterschiedliche Fallbeispiele und Fallen. Ich lade Sie damit ein, Ihren Blick zu schärfen und Ihre Achtsamkeit zu trainieren. Damit werden Sie in der Lage sein, Fehlentwicklungen frühzeitig zu erkennen und ihnen gegenzusteuern.

Betreiben Sie ein erfolgreiches Qualitätsmanagement für Ihr Leben!

Im Folgenden möchte ich Ihnen Hinweise zur Praxis der Achtsamkeit geben. Der moderne Alltag mit seinen Herausforderungen an unsere Wahrnehmungskunst und an unsere praktische Urteilskraft steht hierbei im Vordergrund. Sie können Ihre Achtsamkeit insbesondere im dritten Teil des Buches praktisch trainieren.

3. Drei Perspektiven der Achtsamkeit

Wir können uns mit Achtsamkeit drei Bereichen in unserem Leben zuwenden:

- uns selbst,
- anderen Menschen und
- bestimmten Zusammenhängen und Vorgängen.

Die beiden ersten Perspektiven beschreiben Formen der Achtsamkeit für Menschen. Sie setzen voraus, dass wir uns persönlich auf andere beziehen. Das Ziel hierbei ist es, ein gutes Verhältnis zu sich selbst und zu anderen aufzubauen und beizubehalten. In der dritten Perspektive wirkt Achtsamkeit wie ein Warnschild: Sie macht uns aufmerksam auf Risiken, Lebensfallen und Fehlentwicklungen. Zudem hilft sie uns bei Richtungsentscheidungen in unserem Leben.

(1) Achtsamkeit sich selbst gegenüber

Wer achtsam ist, ist zuallererst offen gegenüber sich selbst und den eigenen Bedürfnissen. Stellen Sie sich selbst in den Vordergrund Ihres Lebens! Lernen Sie Ihre eigenen Gefühlslagen kennen und deuten. Lassen Sie sich auf Ihre Ziele und Grenzen ein. Hören Sie in sich hinein und nehmen Sie sich selbst wahr.

Zwischenstopp

- Können Sie allein sein und es auch genießen?
- Schalten Sie, wenn Sie allein sind, den Fernseher oder den Computer ein?
- Kennen Sie Ihre inneren Stimmen?

- Setzen Sie sich mit ihnen auseinander oder ignorieren Sie sie nach Möglichkeit?
- Wie schwer fällt es Ihnen, sich auf ein Buch zu konzentrieren, wenn Sie allein sind?
- Verstehen Sie es, auf sich selbst zu hören? Nehmen Sie sich regelmäßig Zeit dafür?

Um achtungsvoll mit sich selbst umzugehen, sollten Sie wach und aufnahmebereit sein. *Expect the unexpected!* Rechnen Sie mit dem Unerwarteten! Und akzeptieren Sie dies. Nehmen Sie sich die nötige Zeit für sich selbst!

Wer sich ständig von sich selbst und dem eigenen Leben ablenken lässt, wird sich kaum selbst wahrnehmen. Viele Menschen brauchen ständig Unterhaltung, um sich zu spüren. Sie fühlen sich innerlich leer, wenn die Reize von außen fehlen. Ein Gefühl von Bedrohlichkeit schleicht sich ein. Das kann bis zu Panikattacken führen. Manchmal ist Angst vor dem Alleinsein die Ursache dafür. Andere Menschen beschleicht ein Gefühl innerer Leere.

Wieder andere fühlen sich als Person nicht genug nachgefragt. Wer sich nicht anerkannt oder zu wenig geliebt fühlt, erlebt sich als nicht besonders wertvoll. Warum sollte dieser Mensch gerade die Begegnung mit sich selbst suchen? Damit wäre er nur aufs Neue mit seinen Problemen konfrontiert. Also vermeidet man die Konfrontation mit sich selbst.

Zu lernen, sich selbst besser wahrzunehmen, ist allerdings nicht leicht. Man muss sich das vor Augen halten: Unser Bewusstsein arbeitet permanent aktiv. Es lässt sich ablenken, ist reizbar und nervös, manchmal sogar anarchisch. Viele Reize strömen ständig auf uns ein. Ein wesentlicher Teil der Arbeit unseres Gehirns besteht darin, äußere Einflüsse auszublenden und zu verarbeiten, bevor sie noch bewusst werden. Andernfalls würden wir im Meer der Reize versinken. Auch von innen strömen ständig Reize auf uns ein: Gedanken, Gefühle, Erinnerungen, Assoziationen und Bilder wollen unsere Aufmerksamkeit. Wenn wir müde sind, spüren wir manchmal, wie anstrengend diese tägliche Sortierarbeit unseres Gehirns ist. Manchmal wird es uns zu viel. Dann verursachen auch solche Reize Stress, die uns normalerweise nichts ausmachen, etwa ein Einkauf im Supermarkt.

Die Kunst besteht darin, unser flackerndes Bewusstsein einerseits zur Ruhe zu bringen und unsere Aufmerksamkeit in eine bestimmte Richtung zu lenken. Andererseits will das Bewusstsein aber auch bei Laune gehalten werden. Starke Außenreize halten es wach, aber wir gewöhnen uns schnell daran. Bleiben sie plötzlich aus, wird es schwierig. Wir sind heute an eine Vielfalt von täglicher Berieselung gewöhnt. Informationen, Bilder, Musik und elektronische Kommunikationsformen bereichern uns zwar, wollen aber auch verarbeitet sein. Die ständigen Bilder- und Geräuschwelten, mit denen wir von klein auf konfrontiert sind, erhöhen die Schwellen unserer Wahrnehmung. Innere Stimmen, die sich leiser melden, gehen auf diese Weise leicht unter.

Hohe Wahrnehmungsschwellen haben ihren Preis. Wer an starke Reize von außen gewöhnt ist und nicht so genau hinschaut, dem erscheint alles gleich. Ein solcher Mensch langweilt sich leicht.

Langeweile kann produktiv sein, aber sie ist es nicht immer. Viele fühlen sich dann innerlich leer und leblos. Manche Menschen benötigen immer stärkere Außenreize, um überhaupt etwas wahrzunehmen. Ihnen fällt es immer schwerer, Unterschiede zu erkennen. Dann bemerkt man schleichende, feine Veränderungen nicht so ohne Weiteres. Es ist dann nicht leicht, wach zu bleiben. Wer sein Leben als immergleiche Wiederholung erlebt, macht etwas falsch: Solch ein Mensch erkennt offensichtlich nicht, was sich alles innen und außen tut. Wie Sie Ihre Achtsamkeit praktisch üben können, erfahren Sie insbesondere im 13. Kapitel.

(2) Achtsamkeit für andere

Sich in das Wesen eines anderen Menschen einzufühlen, ist eine elementare menschliche Eigenschaft. Achtsame Menschen spüren Empathie für sich und für andere, besonders in kritischen Situationen. Das Gegenteil davon ist Gleichgültigkeit und Rücksichtslosigkeit.

Achtsamkeit für andere ist praktisch gelebte Menschlichkeit, die »kleine Schwester« der Nächstenliebe. Sie ist womöglich die einzige für uns wirklich mögliche Form, wie wir mit einer größeren Zahl von Menschen in unserem Leben sorgsam umgehen können. Unsere emotionalen Ressourcen sind begrenzt. Es ist für uns gar nicht machbar, einer großen Zahl von Menschen so etwas wie Liebe entgegenzubringen, geschweige denn der ganzen Menschheit.

Auch die vielbesungene Brüderlichkeit lebt von einem Überschwang der Gefühle, die wir anderen Menschen kaum ständig entgegenzubringen vermögen. Sie eignet sich nur schlecht für den praktischen Alltag. Sie kommt allenfalls in besonderen Momenten zum Tragen: Etwa beim Fall der Berliner Mauer im Herbst 1989 oder bei der Fußball-Weltmeisterschaft im Sommer 2006. Eine gemeinsame Erfahrung bleibt bei solchen Erlebnissen bestehen: Die kollektive Euphorie war in beiden Fällen rasch verflogen. Was bleibt, ist die Erinnerung an ein besonders schönes Ereignis.

Das Leben besteht dagegen überwiegend aus Alltag. Um diesen Alltag zu bewältigen, hilft Brüderlichkeit vielleicht in kleinen und elitären Gemeinschaften, zum Beispiel in der Gemeinschaft eines Klosters. Solche Brüderlichkeit ist jedoch exklusiv und schließt in Wahrheit andere aus. Eine unterschiedslos auf alle Menschen gerichtete Brüderlichkeit nach dem Motto »Seid umschlungen, Millionen« überfordert dagegen die meisten Menschen, sogar mehr als die Nächstenliebe: Sie bezieht sich nur auf einen uns Nächsten. Tatsächlich ist die Reichweite unseres emotionalen Radius eng begrenzt auf ziemlich kleine Gruppen. Auch unser Sorgeradius ist nicht sehr viel größer. Unsere Kräfte sind in jeder Hinsicht begrenzt. Wirklich persönlich nah sein können wir ohnehin immer nur einer sehr kleinen Zahl von Menschen. Mehr als 15 bis 20 Menschen können wir mit einer signifikanten emotionalen Dichte kaum erfassen, alles andere würde uns überfordern. Unsere evolutionäre Grundausstattung lässt wesentlich mehr auch gar nicht zu.

Zwischenstopp

- Welche Menschen bedeuten Ihnen wirklich etwas?
- An wen denken Sie im Verlauf eines Tages / einer Woche?
- Um wen sorgen Sie sich?
- Wie viele Menschen sind es?

Auch unsere Fähigkeit zum Mitleid ist begrenzt. Bei Katastrophenmeldungen wird deutlich: Allenfalls gibt es ein schwer bestimmbares Gefühl von Traurigkeit über das Leid vieler Menschen. Ob es 100, 1000 oder 10 000 Tote gegeben hat, spielt in unserem Gefühlshaushalt keine Rolle. Wir können das Leid der fremden Vielen nicht wirklich fassen. Dies gelingt umso schlechter, je weniger emotionale Anknüpfungspunkte wir zu den Betroffenen haben.

Wir fühlen meist dann Mitleid, wenn wir über Bilder von Einzelschicksalen erfahren. Ein hungerndes Kind, eine tot in den Fluten treibende Frau oder ein sterbendes Robbenbaby rühren etwas in uns an. Hilfsorganisationen werben genau deshalb manchmal mit solchen Bildern, um unsere Spendenbereitschaft zu aktivieren.

Das christliche Liebesgebot verlangt uns zudem mehr ab, als wir in unserem engeren Umfeld leisten können. Einen anderen Menschen zu lieben wie sich selbst – das überfordert viele. Dazu kommt: Wer liebt sich eigentlich selbst? Vielen Menschen fällt es nicht einmal leicht, sich selbst zu mögen.

Wir sind trotz dieser Begrenztheiten durchaus fähig, positiv zu handeln. Achtsamkeit und Respekt, Rücksichtnahme und Voraussicht sind die Schlüssel dazu. Achtsamkeit für andere bedeutet letztlich, einem anderen Menschen mit Respekt und einer gewissen Sympathie zu begegnen.

Achtung vor einem anderen Menschen bedeutet auch: Ich verlange nicht, dass er sich ändern soll. Ich akzeptiere die Menschen, wie sie sind. Das ist leichter gesagt als getan, vor allem bei uns nahe stehenden Menschen. Wir geraten schnell in Versuchung, uns eine Veränderung vom anderen zu wünschen und ihn bzw. sie unseren eigenen Maßstäben zu unterwerfen. Das hat jedoch nichts mit den Bedürfnissen und Erwartungen des oder der anderen zu tun.

Besonders in einer Partnerschaft oder im Freundeskreis ist die Situation schwierig. Die Partnerin entspricht womöglich nicht unseren Erwartungen, und vielleicht will sie ihnen gar nicht entsprechen. Viele Konflikte entstehen genau daraus.

Besonders schwer fällt es uns, gegenüber ausgesprochen achtlosen Menschen Achtsamkeit zu wahren. Sie können uns verletzen – und das, obwohl wir uns selbst so sehr um Achtsamkeit bemühen. Wir können eben nicht grundsätzlich von gegenseitiger Achtsamkeit ausgehen. Wir können nur lernen, Verletzungen durch die Achtlosigkeit anderer einzukalkulieren und mit ihnen umzugehen.

Sich beleidigt zurückzuziehen, hilft jedenfalls wenig. Legen Sie sich rechtzeitig Ausweichstrategien und Abwehrmöglichkeiten zurecht!

Besonders mühsam ist Achtsamkeit gegenüber Menschen, die mit sich und ihrer Umwelt nicht im Reinen sind. Menschen, die in ihren Lebensfallen hocken, sind nicht immer angenehm, ganz im Gegenteil. Sie stoßen uns manchmal ab. Viele solcher Menschen wollen nicht wahrhaben, dass sie in der Falle sitzen und haben sich häuslich darin eingerichtet.

Es scheint, als könnten sie uns gleichgültig sein. Doch auch solche Menschen beeinflussen das Leben anderer. Sie stressen uns am Arbeitsplatz, in der Freizeit und auch in der Familie.

Die Betroffenen vermitteln gern die Botschaft: »Sei wie ich – komm in meine Falle!« Bekannt ist dieser Mechanismus beispielsweise von manchen Alkoholikern, die sich am wohlsten unter ihresgleichen fühlen. Nicht selten verbünden sich labile Persönlichkeiten und jammern sich gegenseitig etwas vor. Ein anderes Beispiel sind jene negativ aufgeladenen Menschen, die immer nur schlecht über andere Menschen reden und auf Zustimmung hoffen.

Man kann die Volksweisheit »Geteiltes Leid ist halbes Leid« leider auch auf destruktive Weise anwenden. Manche Opfer, die in ihrer Lebensfalle sitzen, strafen ihre Mitmenschen, die selbst keine Opfer sind, deswegen gerne ab. Neid und Missgunst sind häufig lediglich Ausdruck dessen, dass man selbst in einer Lebensfalle sitzt. Erfolge anderer Menschen werden dann kleingeredet und schlechtgemacht.

Zur Aufmerksamkeit für andere gehört auch die Wahrnehmung dafür, wie Sie auf andere wirken. Sie erfahren auf diese Weise vieles über andere und über sich selbst.

Zwischenstopp

- Achten Sie darauf, wie Sie auf andere wirken?
  Oder ist Ihnen Ihre Wirkung gleichgültig?
- Bemerken Sie es, wenn andere auf Ihre Art zu sprechen ohne Worte reagieren?
- Wie zeigen andere Ihre Zustimmung und Ablehnung für Ihr Verhalten?
- Wie reagieren Sie selbst auf Ihre »Außenwirkung«?

Sie können Ihre Achtsamkeit für Ihre Außenwirkung insbesondere ab Kapitel 12 vertiefen. Über Achtsamkeit als Führungsqualität lesen Sie im Kapitel 15. Wer in der Arbeitswelt personelle Verantwortung ausübt, sollte auf die eigene Außenwirkung und auf die verbalen und nonverbalen Rückmeldungen seiner Mitarbeiter achten. Führungskompetenz bedeutet, rechtzeitig gegenzusteuern und den Dingen nicht ihren destruktiven Lauf zu lassen. Daran zeigt sich einmal mehr: Achtsamkeit ist viel mehr als Meditation. Als aktive und auch nach außen gerichtete Qualifikation erleichtert Sie Ihnen das Leben in allen Bereichen.

(3) Achtsamkeit für Möglichkeiten und Entwicklungen

Achtsamkeit kann uns helfen gute, aber auch ungute Entwicklungen zu erkennen. Oftmals versteckt sich das Positive im Leben, und wir finden es nur auf Umwegen. Wenn wir erkennen, welche Wege Sackgassen sind, werden wir noch nicht unbedingt zufrieden und glücklich sein. Wir haben aber eine weitere Erfahrung gemacht und kommen unserem Ziel dadurch näher. Achtsamkeit bedeutet also nicht nur, die richtigen Ziele zu finden. Es gilt auch Irrwege und Fallen zu erkennen.

Auch diese Form der Achtsamkeit beginnt bei uns selbst. Im 2. Kapitel wurde bereits deutlich, wie wichtig es ist, von Zeit zu Zeit seine Erwartungen und die Richtung seines Lebens zu überprüfen. Passen Ihre Ziele heute noch zu Ihnen?

Wir greifen gern nach den Sternen. Unser Streben bestimmt und beeinflusst unsere Handlungen. Wenn sich Erwartungen nicht erfüllen, reagieren die Menschen unterschiedlich. Manche verdoppeln ihre Anstrengungen. Dies hat seinen Preis, kostet uns die Plage doch sowohl Zeit als auch Energie, die ihnen womöglich an anderer Stelle abgeht – für andere Ziele. Fragen Sie sich ganz ehrlich: Sind Sie bereit, für Ihr Ziel diesen Preis zu bezahlen?

Noch einmal: Völlig unrealistische Erwartungen machen nur im Märchen froh. Achten Sie darauf, dass Ihre Erwartungen einigermaßen zu Ihrem Leben passen. Korrigieren Sie gegebenenfalls Ihre Erwartungen. Verabschieden Sie sich von Zielen, die Ihnen nicht mehr erstrebenswert erscheinen oder die tatsächlich unerreichbar sind.

Viele Ziele werden uns auch durch Werbung und Medien vorgegaukelt. Ich möchte an die Simplify-Bewegung erinnern. Sie räumt, unter anderen Vorzeichen als die ideologie- und konsumkritischen Bewegungen der 1970er-Jahre, mit Konsumwahn und der »Tyrannei der falschen Werte« auf. Die Simplify-Bewegung zeigt vor allem eines auf: Es ist erstaunlich, wie viel wir nicht brauchen, ohne dass uns etwas fehlt. Schließlich machen viele Menschen die Erfahrung: Etwas, das wir unbedingt zu brauchen glaubten, hat unser Lebensglück nicht wirklich gesteigert.

Wertfragen sind immer auch Fragen nach der Lebensqualität. Manchmal lassen wir uns von falschen Zielen leiten. Wenn wir in eine missliche Situation hineingeraten sind, müssen wir verstehen: Was hat uns da hineingebracht? Was ist schiefgelaufen? Warum sind unsere Ziele falsch gewesen?

Zwischenstopp

- Was haben Sie sich davon versprochen, als Sie falsche Ziele verfolgt haben?
- Welche ursprünglichen Erwartungen haben Sie in diese Lage versetzt?
- Warum halten Sie weiter daran fest?
- Welche Erwartungen passen nicht mehr?
- Von welchen Zielen sollten Sie sich besser verabschieden?

Der erste Schritt besteht darin: Wir müssen erst einmal bemerken, dass wir in einer Falle sitzen. Vorsicht und Voraussicht erweitern unsere Wahrnehmung. So können wir Fehlerquellen und Fallen rechtzeitig erkennen.

Wir geraten leicht in eine Erwartungsfalle, wenn wir uns vermeintlichen Experten für unser Glück ausliefern. Glücksforschung ist en vogue. Viele Scharlatane bieten uns angeblich sichere und wissenschaftlich erprobte Methoden zur Steigerung unseres Glücks. Sie sind nicht deswegen gefährlich, weil sie zu viel versprechen, sondern weil wir ihnen zu sehr vertrauen. Wir gestatten anderen, unsere Ziele, Wünsche und Erwartungen zu gestalten! Warum eigentlich? Wenn wir solchen Versprechungen glauben, erwachen in uns nur unerfüllbare Wünsche. Frustration ist vorprogrammiert.

Wenn wir alle Ziele gleichzeitig erreichen wollen, ist unser Scheitern ebenfalls absehbar. Beachten Sie: Auf diese Weise blockieren wir uns selbst.

Auch dann, wenn Sie ein einziges Ziel in den Vordergrund stellen, geht das auf Dauer schief. Einseitige Zielausrichtung mag für eine gewisse Zeit funktionieren. Sie werden aber auf Dauer nicht erfolgreich sein. Wenn Sie sich beispielsweise durch eine strikte Hungerkur quälen, mag das vorübergehend erfolgreich sein. Aber bald werden sich andere Stimmen in Ihnen zu Wort melden: Der Genussmensch will genießen. Der Körpermensch nörgelt, weil er sich unwohl fühlt. Der Gesellige ist unzufrieden, weil Sie nicht mehr mit anderen ausgehen, sondern ganz für Ihre Diät leben. Das Scheitern beginnt, wenn sich andere Stimmen in den Vordergrund drängen. Sie prügeln den Hungerasketen aus der ersten Reihe zurück und holen nach, was sie entbehrt haben. »Jetzt wird genossen!« Und schon erleben Sie den schönsten Jojo-Effekt: von der Fressfalle in die Diätfalle und zurück.

Achtsamkeit bedeutet, aus eigenen Irrtümern zu lernen und die eigenen Ziele mitunter zu korrigieren. Vernetzen Sie Ihre Ziele durch gedachte Linien und zeichnen Sie so ein stimmiges Bild.

(4) Der Schnelltest: Das Universum Ihrer Werte und Ziele

Durch welche Werte und Ziele lassen Sie sich leiten? Orientieren Sie sich mit der folgenden Übung schnell über die aktuelle Ordnung Ihrer Werte und Ziele.

Vorbereitung – das benötigen Sie:

Nehmen Sie ein großes Blatt Papier und unterteilen Sie es in vier Felder. Sie können dies mit einem Koordinatenkreuz tun, das die vier Himmelsrichtungen angibt. Sie selbst stehen im Zentrum dieses Kreuzes. Sie können aber auch einfach vier Kreise zeichnen.

Denken Sie daran: Benennen Sie Ziele, Werte und Überzeugungen so konkret wie möglich und unbedingt positiv. Erinnern Sie sich: Vermeidungsziele strahlen nicht!

Tragen Sie Ihnen wichtige Punkte in dieses Koordinatensystem ein. Je mehr Sie eine Sache in Ihrem Leben verwirklicht haben, umso näher ist es dem Zentrum. Dinge, die Ihnen wichtig sind, die Sie aber zu wenig oder gar nicht beachten, tragen Sie weiter außen ein.

Nun achten Sie darauf: Was leuchtet stark und hell? Sollte sich Ihnen der eine oder andere Wert unbedingt nähern, damit er wieder stärker leuchtet?

Die Übung – so gehen Sie konkret vor:

Denken Sie an Ihre Werte. Was ist Ihnen am wichtigsten? Ein Beispiel: Freiheit ist ein anerkannter Wert, der Begriff bleibt aber ziemlich abstrakt. Fragen Sie sich stattdessen: Was bedeutet Ihnen Freiheit? Unterschiedliche Aspekte können für Sie eine Rolle spielen. Freiheit kann mit Wohlstand identisch sein. Für andere ist es die Freiheit, der eigene Chef oder die eigene Chefin zu sein. Oder Sie fühlen sich frei, wenn Sie weite Reisen unternehmen. Es gibt auch die Freiheit von Sorgen und Ängsten.

Schreiben Sie über das erste Feld (links oben) »Körper«. Notieren Sie dazu Themen wie Gesundheit, Ernährung und Gewicht, Tabak- und Alkoholkonsum, Sport, Sexualität und dergleichen. Auch Entspannung oder eine Auszeit können dazugehören.

Betiteln Sie das zweite Feld (rechts oben) mit »Leistung«. Ordnen Sie alle beruflichen Ziele hier ebenso ein wie jene Ziele, die mit Geld, Ansehen, Einfluss oder Macht zu tun haben. Benennen Sie die Dinge so konkret wie möglich. Statt des Begriffs »Wohlstand« notieren Sie zum Beispiel eine konkrete Gehaltsvorstellung oder ein Haus von einer bestimmten Größe.

Das dritte Feld des Systems (links unten) betrifft Ihre »Beziehungen zu anderen«. Notieren Sie hier alle Menschen und Lebewesen, die Ihnen wichtig sind. Auch soziales Engagement gehört dazu. Wie wichtig sind Ihnen diese Menschen und Themen? Was verbindet Sie mit ihnen? Fragen Sie sich nach dem Abstand und tragen Sie dies ein.

In das vierte Feld (rechts unten) gehören Aspekte zu »Sinn und Kultur«: Weltanschauliche Überzeugungen, kulturelle Ziele, Literatur, Kunst, Musik und Politik. Wie nah oder fern sind Sie diesen Werten und Zielen? Religiöse Überzeugungen sind ein Grenzfall: Sie können im Bereich Beziehung zu anderen, aber auch im Bereich der Kultur liegen. Entscheiden Sie selbst! Wichtig ist, dass Sie sich Gedanken darüber machen.

Nach der Übung:

Betrachten Sie das Universum Ihrer Werte und Ziele jetzt als Ganzes. In welcher Himmelsrichtung haben sie die meisten Ziele eingetragen? Welche Ziele sind Ihnen die wichtigsten, welche Ziele sind weniger wichtig und befinden sich weitab vom Zentrum? Welche möchten Sie näher heranholen? Gibt es womöglich Abschnitte, in denen Sie gar nichts oder nur sehr wenig notiert haben? Finden Sie das in Ordnung?

Jetzt sind Sie schon mitten im Gespräch mit sich selbst: Ergibt das Ganze für Sie ein schlüssiges Bild?

Welche Auswirkung hätte es wohl, wenn Sie ein entferntes Ziel näher heranholen würden? Welchen Preis an Zeit, Energie und Geld müssten Sie dafür bezahlen? Haben Sie die notwendigen Ressourcen dafür?

Stellen Sie sich auch die Frage: Was hat dieses Universum der Werte mit Ihrem Alltag zu tun? Leben Sie Ihre Werte? Oder träumen Sie nur davon?

Glück und Zufriedenheit bedeuten für jeden Menschen etwas anderes. Es gibt kein Einheitsrezept, wie man glücklich wird. Glück und Zufriedenheit, Lebensqualität und Lebensfreude entziehen sich leicht unserem Zugriff. Wir spüren sie manchmal dann, wenn ein lange gehegter Wunsch in Erfüllung geht. Das Gefühl, glücklich zu sein, stellt sich häufig ganz ungeplant ein. Auch alltägliche, kleine Dinge können uns sehr glücklich machen.

4. Achtsam mit dem Zeitgeist umgehen

(1) Der Zeitgeist: Eine Herausforderung für unsere Achtsamkeit

Viele Fehlentwicklungen fallen in das Metier der Psychologie. Doch nicht für jede Lösung brauchen wir psychologische Hilfe von Experten. Auf dem weiten Feld der praktischen Lebensklugheit ist jeder gefordert.

Die üblichen Fallen, in die wir im Lauf des Lebens geraten können, haben mit unserer Herkunft, unserer Lebensweise, mit unserer Kultur, mit den geschichtlichen Hintergründen und den Moden der Gegenwart zu tun. Sie alle prägen uns. Der sogenannte Zeitgeist spielt eine wesentliche Rolle. Keiner kann aus den Lebensbedingungen seiner Zeit aussteigen. Nicht nur Produktionsprozesse, wirtschaftliche Zusammenhänge oder die Umwelt verändern sich, sondern auch der kulturelle Lebensrahmen und die Leitwerte einer Zeit.

Wie sehr die Zeit, in der wir leben, und die leitenden Werte, die wir dabei erleben, auch unser Fühlen und Handeln prägen, registrieren wir meist später. Erst im Rückblick erfassen wir, was zur Zeit historischer Umbrüche wirklich vor sich gegangen ist.

Es gibt in jeder Zeit Fehlentwicklungen. Wir sind dem Zeitgeist immer ausgesetzt, in seinen positiven und negativen Erscheinungsformen. Er fordert unsere Achtsamkeit heraus.

(2) Auch kulturelle Leitwerte verändern ihren Sinn

Was gestern hilfreich und gut war, kann heute falsch sein. Zum Beispiel haben die sogenannten männlichen Tugenden ihren Sinn geändert. Sie bleiben jedoch als Triebfedern für unser Fühlen und Handeln bestehen. Sie beeinflussen Männer auch unter veränderten Lebensbedingungen. So fühlen sich manche Männer hilflos, weil sie an ihren ursprünglichen Überzeugungen und Werten unbedingt festhalten wollen. In die Sackgasse zu geraten, ist nur eine Frage der Zeit. Viele merken gar nicht, dass sie sich selbst ins Abseits manövrieren, ja, sie fühlen sich auf dem Weg dorthin sogar ausgesprochen wohl. Wir gehen schließlich davon aus, dass wir unseren inneren Stimmen folgen und in Übereinstimmung mit uns selbst leben. Das Problem dabei ist: Wichtige Bereiche unserer emotionalen Grundausstattung passen auf moderne Lebenslagen nicht mehr. Auf einmal finden wir uns in einer Lebensfalle wieder.

Ein extremes Beispiel dafür stellt der Erste Weltkrieg dar. Eine ganze Generation ist hier in eine tödliche Falle gegangen. Ein großer Teil der Männer nicht nur in Deutschland, sondern auch in vielen anderen Ländern zog voller Begeisterung freiwillig in den Krieg. Die Jugend ließ sich mitreißen. Es ging vielen nicht nur um Kriegsziele. Sie wollten sich in einer herausragenden historischen Situation bewähren. Die Männer wollten ihren Anteil an dem großen geschichtlichen Ereignis haben. Kaum einer ahnte, was ihn wirklich erwartete – persönlich und auch kollektiv. Die bisher im Krieg geforderten Eigenschaften wie Tapferkeit und Durchhaltevermögen, Entschlossenheit und Zähigkeit galten wegen der neuen Waffentechnologien nichts mehr. Die Männer starben im Grabenkrieg und in den Giftgasschwaden einen völlig unsinnigen Tod. Die früheren Tugenden waren in einer völlig veränderten Wirklichkeit sinnlos. Viele haben das zu spät oder überhaupt nicht erkannt.

Das zugegebenermaßen dramatische Beispiel zeigt: Unsere persönlichen Lebenswerte lassen sich nicht immer losgelöst von den kulturellen Leitwerten einer Zeit betrachten. Die äußeren und unsere inneren Wertsysteme durchdringen einander. Wir müssen uns deswegen stets mehrere Fragen stellen: Welche persönlichen Lebensziele helfen mir heute nicht mehr weiter? Und welche kulturellen Leitwerte sind für mich heute nicht mehr sinnvoll? Welche persönlichen Lebensziele und welche kulturellen Leitwerte lohnen sich weiterhin?

Wenn Sie offen Ihre inneren Einstellungen und Werte überprüfen, werden Sie mitunter auch feststellen: Ihr persönliches Wertgefüge passt nicht oder nicht ganz zu den kulturellen Leitwerten Ihrer Zeit. Vielleicht steht es sogar im Widerspruch zu den herrschenden Wertvorstellungen. In diesem Fall bedeutet Achtsamkeit: Entwickeln Sie Mut, zu Ihren Lebenszielen zu stehen, auch gegen die herrschenden Wertvorstellungen.

(3) Achtsamkeit für die Fallen im Alltag

Unpassende, alte Werte und Reaktionsmuster zeigen sich auch im Alltag. Strategie und Mentalität eines Mammutjägers sind in modernen Verhandlungen kaum erfolgreich. Heute geht es nicht darum, den Gegner blutend am Boden zu sehen und als alleiniger Sieger dazustehen. Heute werden in Verhandlungen gemeinsame Lösungen angestrebt. Das Ziel ist ein gemeinsames Ergebnis, mit dem alle einigermaßen gut leben können.

Dazu brauchen wir einen beweglichen Geist, wir müssen gut zuhören und dürfen uns nicht in starke Emotionen hineinsteigern. Zorn oder Wut dagegen lösen leicht den Reflex aus: »Soll ich flüchten oder angreifen?« Damit werden die Dinge selten besser. Wut und Angriff führen zu persönlichen Verletzungen. Diese haben ihren Preis. Profis entwickeln beizeiten Gegenstrategien, damit sie vom evolutionären Erbe in unseren Gefühlswelten nicht überholt werden.

Halten Sie sich dazu vor Augen: Flucht führt selten zu einem für alle akzeptablen Verhandlungsergebnis. Wer sich beleidigt oder resigniert zurückzieht, hat verloren. Erlernen Sie daher Achtsamkeit. Seien Sie sich bewusst: Wir haben gewisse emotionale Erbstücke aus alten Zeiten. Mit Achtsamkeit können wir heute hartnäckig, aber höflich und emotional kontrolliert am Ball bleiben. Wer sich dessen bewusst ist, geht etwa vor einer anstrengenden Verhandlung in den Kraftraum. Sie behalten ihren Aggressionshaushalt besser unter Kontrolle. Hilfreich ist es auch, ein Team in eine Verhandlung zu schicken. Einer davon spricht mit dem Verhandlungspartner. Die eigentlichen Entscheidungsmacher (»decision makers«) bleiben im Hintergrund.

Wir müssen in vielen Situationen lernen, unsere natürlichen Bedürfnisse zu kontrollieren, und uns an die veränderte Welt anpassen. Achtsamkeit bedeutet Aufmerksamkeit für unsere eigenen Bedürfnisse, allerdings gefiltert durch die Frage: »Was tut mir wirklich gut?«

(4) Die Jahreszeitenfalle: Achtsamkeit für das Besondere behalten

Achtsamkeit heißt, auf unsere natürlichen Befindlichkeiten und Bedürfnisse zu achten und ihnen nachzugehen, wenn sie uns gut tun. Der Zeitgeist strömt nicht immer segensreich auf uns ein, ob Erdbeeren aus der Wüste während des europäischen Winters, Weihnachtsprinten von August bis März oder Schifahren im Hochsommer – wir verlieren leicht das Gefühl für den Ablauf der Jahreszeiten.

Warum ist das ein Verlust? Der Rhythmus der Natur stellt auch eine Quelle für Lebensfreude dar. Eine solche harmlose Falle muss noch nicht an die Substanz gehen. Der Sinn von Weihnachten entleert sich jedoch, wenn das dazugehörige Lebensgefühl zu anderen Zeiten geweckt und für andere Zwecke missbraucht wird. Wir berauben uns selbst, wenn alles jederzeit ohne Rücksicht auf die Jahreszeit verfügbar ist. Ebenso verhält es sich mit anderen Freuden des Lebens. Die eigentliche Quelle für unser vermeintliches Unglück liegt in der Vorstellung: Das Glück ist jederzeit verfügbar. Damit wird jedoch alles beliebig.

Wenn Sie Achtsamkeit lernen wollen, gestalten Sie Ihre Freizeitaktivitäten gemäß den Jahreszeiten Ihrer Region. Konsumieren Sie Lebensmittel dann, wenn Sie bei Ihnen geerntet werden.

Leben Sie bewusst mit den Jahreszeiten. Genießen Sie frische Erdbeeren im Sommer und jungen Wein im Herbst. Entdecken Sie den Reichtum unserer Esskultur im Winter: Sauerkraut und Grünkohl passen ausgezeichnet in die kalte Jahreszeit. Entdecken Sie den Reichtum unserer Feiertage und feiern Sie im Rhythmus des Jahresablaufs.

Sie können in vielen anderen Lebensbereichen in gewisse Fallen geraten. Wer einen Höhepunkt nach dem anderen erleben möchte, wird sein Glück kaum finden. Das Besondere verliert seinen Charakter als solches, wenn es jederzeit verfügbar ist. Sie können wunderbar von Kindern lernen. Ein Kinderzimmer, in dem ständig eine große Menge von Spielsachen verfügbar ist, überfordert Kinder und steigert ihre Freude nicht. Das Kind fühlt sich eher orientierungslos in der vermeintlich glücklich machenden Vielfalt des Angebots.

Die Idee ständiger Höhepunkte ist verlockend, aber doch eine Illusion. Unser Empfindungsapparat ist dafür nicht geschaffen und viele Freuden nutzen sich rasch ab. Alkoholgenuss kann in Maßen fröhlich machen. Als ständiger Begleiter wirkt Alkohol zerstörerisch. Der Abhängige verlangt nach immer stärkeren Dosen, um einen gleichbleibend hohen Glücksertrag in sich sicherzustellen.

Bleiben Sie aufmerksam: Was tut Ihnen gut?

II. Teil:
Achtsamkeit im Alltag

5. Erfolgsfallen durch Achtsamkeit vermeiden

(1) Erfolg kann beeinträchtigen

Um nicht auf Erfolgsfallen hereinzufallen, benötigen wir Achtsamkeit für die Quellen unserer Lebenskraft. Erfolg ist eine wesentliche, gesellschaftlich anerkannte Quelle für Lebenskraft. Tritt der erhoffte Erfolg nicht ein, fühlen wir uns frustriert. Wir vermissen Anerkennung, der begehrte Auftrag bleibt aus, die ersehnte Beförderung bekommt ein anderer.

Wir wissen auch: Enttäuschte Erwartungen machen krank. Krankheit tritt vor allem dann ein, wenn wir nach Phasen der Wut und der Trauer unsere Niederlage nicht gelassener sehen können. Wenn wir hingegen viel Erfolg haben, und dieser sich womöglich einseitig in einem bestimmten Lebensbereich einstellt, dann landen wir schnell in einer »Professionalisierungsfalle«. Hier ist der achtsame Umgang mit uns selbst gefordert.

Die Professionalisierungsfalle droht vor allem erfolgreichen und begabten Menschen ohne Bindungen. Sei es, dass sie räumlich entwurzelt sind, keine festen sozialen Beziehungen haben und religiös oder weltanschaulich leer sind. Erinnern wir uns an die Übung in Kapitel 3. In den Himmelsrichtungen Beziehung und Kultur leuchten bei solchen Menschen nicht viele Sterne. Gerade dieser Typus des leistungsorientierten Erfolgsmenschen ohne persönliche Bindungen ist heute zunehmend gefragt. Menschen, die ihre Heimat und ihre Beziehungen jederzeit hinter sich zurücklassen, um woanders zu arbeiten, sind das Ideal. Je weniger Bindungen, umso besser – ausgenommen die Loyalität und Verpflichtung gegenüber dem Arbeitgeber. Die Zahl der in einer Region verankerten, mittelständischen Unternehmen nimmt heute deutlich ab. Projektjobs und Praktika treten zunehmend an die Stelle von festen Arbeitsverhältnissen.

(2) Achten Sie auf die Erfolgsfalle

Unser Selbstwertgefühl wächst bekanntlich, wenn wir Erfolg haben. Mit der eigenen Leistung steigert sich auch unser Selbstwertgefühl. Wir fühlen uns anerkannt, motiviert und voller Kraft. Erfolg kann vieles bedeuten. Ansehen, Status, Macht und Geld gelten in unseren heutigen Gesellschaft am meisten. Jemand mit viel Geld und Macht darf dies als Anerkennung für ein bestimmtes Verhalten erleben.

Also verhalten wir uns so, dass wir möglichst auch morgen anerkannt und belohnt werden, und zwar nach Möglichkeit noch mehr als bisher. Wir wiederholen das erfolgreiche Verhalten und streben nach Steigerung. Wir investieren mehr Zeit, mehr Energie und mehr Kosten, um die begehrte Belohnung wieder zu erhalten und zu mehren. Auf diese Weise lernen wir im Laufe der Zeit ganz von selbst dazu und verbessern unsere Fähigkeiten. Unser Erfahrungswissen, unser Professionalisierungsgrad und unser Selbstvertrauen wachsen. Wir werden sicherer und souveräner in unserer erlernten Rolle. Wir vertrauen immer mehr darauf, dass wir auch morgen erfolgreich sein werden. Diese Sicherheit verleiht uns Kraft und gibt uns Ausstrahlung.

Auch private Beziehungen ordnen sich nach einem ähnlichen Muster. Wir fühlen uns wohler bei Menschen, die uns Anerkennung und Bestätigung geben. So richten wir auch unsere Sympathien danach aus.

Zwischenstopp

- In welchen Lebensbereichen empfinden Sie sich als erfolgreich, wo nicht?
- Gibt es Aktivitäten, die sie gerne tun, obwohl sie objektiv betrachtet nicht besonders gut sind?
  Welche Tätigkeiten sind das?
- Ziehen Sie Ihre Selbstbestätigung aus dem Erfolg oder aus der Sache selbst?

Die Selbstbestätigung allein durch den Erfolg ist ein weit verbreitetes Muster. Hören Sie einmal in sich hinein: Fühlen Sie sich damit wirklich gut? Es gibt in jedem Leben Rückschläge und Misserfolge. Die Frage ist, wie Sie mit Ihren Erfolgen und Misserfolgen umgehen: Sie entpuppen sich bei genauer Betrachtung häufig als unerfüllte Erwartungen.

Erfolg ist allerdings verführerisch. Wenn wir uns in der Freizeit mit Dingen befassen, die wir nicht so gut beherrschen, ist das nicht dramatisch. Wir müssen hinnehmen, dass wir dabei nicht so gut sind wie im Job. Hier beginnt für viele Menschen das Problem.

Unsere Ressourcen sind begrenzt. Zeit, Energie und Geld, aber auch Einsichten und Emotionen, Überzeugungen und Werte stehen uns nur eingeschränkt zur Verfügung. Wenn Sie den größten Teil Ihrer Ressourcen da investieren, wo Sie erfolgreich sind, wird sich Ihr Lebensradius verkleinern. Auf diese Weise konzentrieren wir uns auf die Tätigkeiten, die uns erfolgreich machen und wo uns Lob sicher ist. Dagegen verzichten wir auf Aktivitäten, die uns wenig Anerkennung einbringen.

Je größer der Erfolg ist, desto eher ordnen wir andere Tätigkeiten unserem Erfolgsziel unter. Nehmen Sie das folgende Beispiel: Sie unterwerfen sich einem strengen Fitness- und Diätprogramm, um leistungsfähiger zu werden. Sie ordnen dann alle Aktivitäten diesem wichtigsten Ziel unter. Womöglich üben Sie so manche Dinge gar nicht aus und lassen bestimmte Interessen verkümmern. Ohne eine geschulte Achtsamkeit bemerken Sie zunächst gar nicht, was Ihnen abgeht.

Dies geschieht meist still und leise. Erfolgsverwöhnt wie Sie sind, machen Ihnen Tätigkeiten, bei denen Sie kaum erfolgreich sind, keinen Spaß mehr. Alles ist dem Erfolg in Ihrem starken Bereich untergeordnet. Ihre anderen Ziele leuchten immer schwächer und verglimmen eines Tages. Wenn sie unachtsam sind, nehmen Sie diesen Prozess der Veränderung an ihrem persönlichen Sternenhimmel überhaupt nicht wahr. Denn Sie werden reich belohnt für Ihre Erfolge. Ihre Prioritäten werden immer klarer, Ihr Handeln wird immer zielführender. Es ist bekanntlich noch kein Meister vom Himmel gefallen. »Konzentration auf das Wesentliche« bedeutet jetzt in erster Linie: Sie sind begeistert von Ihrer Leistung. Sie gestalten Ihren Erfolg. Sie führen ein straffes Zeitmanagement, immer angetrieben von der Frage: »Was bringt mir das?«

Manche sind so begeistert von sich und ihrem Erfolg, dass sie dieses Muster auch auf ihre sozialen Beziehungen übertragen. Freundschaften und Partnerschaften wollen aber gepflegt sein. Diese Pflege ist manchmal mühsam, und nicht immer ist sie von Erfolg gekrönt. Da können gerade bei erfolgsverwöhnten Menschen schon einmal Zweifel aufkommen: Lohnt es sich überhaupt, dass ich mich hier weiter engagiere? Oft wendet man sich still und leise ab.

Zwischenstopp

- Wie lange fühlen Sie sich ohne Erfolgserlebnis gut?
- Wann haben Sie zuletzt ein Buch gelesen, das nicht für Ihre Arbeit wichtig war?
- Wann waren Sie zuletzt im Kino, im Theater, in einem Konzert – nicht beruflich oder um ähnlicher Verpflichtungen willen?
- Wann haben Sie zuletzt etwas wirklich Schönes mit Ihrem Partner, Ihren Kindern oder Ihren Freunden unternommen?
- Wie reden Sie privat mit anderen: Mit Ihrer beruflichen »Erfolgsstimme«? Wenn ja – können Sie auch anders?

(3) Ich bin meine Erfolge

Sie werden die Konzentration auf Ihren Erfolg anfänglich wahrscheinlich nicht als Verlust empfinden, ganz im Gegenteil: Der Erfolg gibt Ihnen recht. Sie erhalten genügend Lohn für Ihr Verhalten. Ihr Ehrgeiz erhält Nahrung, das werden Sie genießen. Eine Zeit lang geht das gut, Sie fühlen sich stark.

Doch irgendwann meldet sich eine innere Stimme: »Was könnte ich noch tun? Wer bin ich noch?«, und Sie finden vielleicht keine befriedigende Antwort. Gemessen an Ihrem einseitigen Erfolg erleben Sie sich in anderen Rollen als nicht sehr professionell. Sie werden also die Frage nach den anderen Fähigkeiten schnell zur Seite schieben. Das kann beispielsweise einem erfolgreichen Manager in seiner Vaterrolle passieren.

Zwischenstopp

- Sind Sie noch neugierig auf andere Dinge in Ihrem Leben?
- Freuen Sie sich auf andere Menschen?
- Sind Sie interessiert an bisher Unbekanntem?

Wenn Sie diese Fragen eher mit einem Nein beantworten, sollten Sie aufpassen. Sie betreiben schleichenden Raubbau an sich selbst. Irgendwann werden Sie ein seltsames Gefühl der Leere verspüren, das Sie womöglich nicht mehr loslässt. Im Gegenteil, es steigert sich immer mehr. Und was jetzt?

Die Einseitigkeit des Erfolgs und der Lebensführung führt nicht selten zum Burn-out. Die sozialen Kontakte haben abgenommen, für kulturelle Interessen war kaum Zeit. Bleibt der Erfolg einmal aus, brechen wir zusammen und schlussfolgern schnell: »So ganz ohne Erfolg – wer bin ich dann? Ich bin nichts.« So überrascht es nicht, dass erfolgreiche Manager zu den einträglichsten Patienten von Kliniken für das Burn-out-Syndrom gehören. Sind wir an einem solchen Punkt angekommen, müssen wir, häufig mit fremder Hilfe, wieder lernen: Das Leben hält noch andere schöne Dinge bereit, die nichts mit dem Muster Erfolg / Misserfolg zu tun haben. Mit genügend Achtsamkeit zur rechten Zeit hätten wir das immer schon gewusst und uns niemals nur über unseren beruflichen Erfolg definiert.

(4) Achtsame Freizeitgestaltung

Wir kennen die Erfolgsfalle auch aus anderen Bereichen, etwa aus der Freizeit. Auch hier schrauben viele Menschen ihren Anspruch an sich selbst hoch. Sie wollen unbedingt auch Ihre Freizeit möglichst effektiv und erfolgreich organisieren.

Wir können auf den Erfolg achten, der sich im sozialen Stellenwert niederzuschlagen scheint. Ein erfolgsbetont lebender Mensch wird sich aus diesem Grund mit wichtigen, das heißt erfolgreichen Menschen umgeben. Das schmückt und hebt in seinen Augen den sozialen Status. Ein solcher Mensch greift zu einem bestimmten Buch, weil ein »wichtiger« Mensch es ihm empfohlen hat – nicht weil er sich für das Thema interessiert.

So manchem Läufer geht es um die Zeit, in der er eine bestimmte Strecke gelaufen ist. Mit dieser Einstellung verordnen Sie sich tägliches Training zu exakt festgelegten Zeiten und richten vielleicht sogar Ihre Ernährung konsequent nach einem bestimmten Plan aus.

Doch irgendwann merken Sie: Sie fühlen sich nicht gesund. Marathonläufe oder zu häufiges und zu angestrengtes Joggen sind nicht gesund. Der extrem betriebene Sport belastet die Gelenke und überfordert den ganzen Körper. Durchschnittliche Sportler ringen sich sogar in fortgeschrittenen Jahren Höchstleistungen ab, um sich das Gefühl zu verschaffen: »Ich hab's geschafft.« Ja, aber was eigentlich?

Sie können auch Ihr privates Kommunikationsverhalten auf Erfolg programmieren. Bauen Sie in jedes Gespräch eine Selbstdarstellung ein. Sie brauchen nur belehrend und kompetent aufzutreten. So können Sie jede harmlose Plauderei in eine Demonstration Ihrer Überlegenheit umwandeln. Und schon waren Sie wieder erfolgreich.

Bei Kindern können Sie wunderbar erleben, wie das Erfolgsschema funktioniert, oder besser, wie es eben *nicht* funktioniert. Kinder lassen sich nur begrenzt verplanen. Nehmen wir an, Sie meinen es einmal richtig gut und haben sich eine tolle Aktivität ausgedacht. Ihre Nichte ist aber anderer Meinung. Mit dieser Situation müssen Sie erst einmal auf gute Weise fertig werden.

Beziehungen zu anderen Menschen und Kulturgenuss haben in Wahrheit nicht viel mit Erfolg zu tun. »Ich habe ein Konzert gehört. Es war sehr erfolgreich.« – »Der Abend mit meinem Freund war großartig, wir haben uns erfolgreich unterhalten.« Diese Sätze klingen dämlich und sind es auch. Eine Liebesbeziehung oder ein Naturerlebnis lassen sich mit dem Maßstab Erfolg ebenso wenig fassen. Achtsamkeit zeigt uns auch: Erfolg ist nicht der einzige Maßstab. Beschäftigen Sie sich immer wieder einmal mit Ihrem Wertehimmel und achten Sie bei der Ausrichtung Ihrer Lebensziele auf die vielen anderen Qualitäten, die Ihrem Leben Sinn, Tiefe und Schönheit geben.

(5) Achtsamkeit für Qualität

Anstatt sich über andere zu ärgern, achten Sie lieber auf Ihre Freude am Leben. Erfreuen Sie sich an bewusst erfolgsfreien Bereichen Ihres Lebens! Behandeln Sie Ihre Ressourcen pfleglich. Gehen Sie achtsam mit sich und Ihrem Erfolg um. Das bedeutet: Halten Sie bestimmte Bereiche Ihres Lebens frei von jedem Gedanken an scheinbar notwendige Leistungen! Verzichten Sie in manchen Dingen ganz bewusst auf Effektivität. Wenn Sie joggen: Laufen Sie regelmäßig. Vergessen Sie die Zeit und die Geschwindigkeit. Achten Sie stattdessen auf Ihren Puls und Ihre Atmung. Vermeiden Sie jeden selbstgesetzten Druck, in dem Sie sich nicht mehr ständig fragen, wie oft und wie weit Sie laufen müssen. Erfreuen Sie sich an der Bewegung an sich. Laufen Sie um des Laufens willen. Das hat eine ganz andere Qualität. Wenn Sie als letzter durchs Ziel laufen – wen kümmert das? Es ist egal!

Das gilt für andere Aktivitäten in gleicher Weise. Jede Aktivität hat ihre eigene Qualität. Wenn Sie musikalisch sind, lernen Sie ein Musikinstrument oder singen Sie im Chor. Vor allem, wenn dies Ihr Hobby ist, müssen Sie darin nicht perfekt sein.

Wehren Sie sich dagegen, dass die Gesetzmäßigkeiten der Arbeitswelt auch Ihr persönliches Wesen und Ihr privates Leben bestimmen. Das gilt insbesondere für Beziehungen zu anderen Menschen. Geben Sie dem fröhlichen Dilettanten in sich Raum.

(6) Kontrolle abgeben

Erfolgsverwöhnte Menschen in der Professionalisierungsfalle fürchten sich häufig vor dem Verlust ihrer Kontrolle über die Dinge und Ereignisse in ihrem Leben. Sie wollen unbedingt alles im Griff haben. Lebensqualität hat hingegen viel mit der Fähigkeit zu tun, loszulassen und sich auszuliefern: Einem geliebten Menschen, dem Naturgenuss, der Kunst, der Musik, einem Spiel und manchmal Gott. Gehen Sie achtsam mit dieser Fähigkeit um. Loslassen funktioniert nur mit Vertrauen. Menschen mit Angst vor Kontrollverlust möchten am liebsten alle und alles beherrschen, auch wenn es noch so unmöglich ist.

Ausliefern kann man sich nur da, wo es keine Garantie für den persönlichen Erfolg gibt. Wir hätten alle gern ein Leben mit Erfolgsgarantie. Doch dieser Wunsch ist unrealistisch, er beraubt uns einer menschlichen Erfahrung: Wir sind nie allein unseres Glückes Schmied. In vielfältiger Weise sind wir abhängig und bleiben es auch – von anderen Menschen, aber auch von unseren eigenen Erwartungen und Grenzen. Der Weg zu einem geglückten Leben führt über diese Einsicht.

Diese wechselseitige Abhängigkeit ist in Wahrheit eine Brücke zu anderen Menschen, zu den Dingen und zum Leben. Nutzen wir diese Chance!

6. Mit Achtsamkeit urteilen

(1) Ich verneine, also bin ich

Wenden wir uns nun der Achtsamkeit für unser Urteilsvermögen zu. Manchmal entwickeln sich die Dinge unangenehm, weil wir zu sehr werten und womöglich falsche Urteile treffen.

Werturteile erleichtern uns grundsätzlich die Orientierung. Damit ordnen wir unsere Umwelt und unsere Mitmenschen ein. Ohne die Fähigkeit zur Bewertung würden wir krank werden: Wir könnten nichts mehr unterscheiden und drohten, in einem Meer gleich wertvoller oder wertloser Tatsachen zu ertrinken.

Im Alltag gilt es ständig, Dinge zu unterscheiden. Nicht immer geht es dabei um Grundsätzliches. Wir entscheiden dabei anhand mehr oder weniger vorgeformter Bewertungen. Selbst alltägliche Fragen wollen entschieden sein: »Was soll ich anziehen? Was kann ich essen? Welche Zeitung will ich lesen?« Bewertungen aller Art brauchen Energie – je schwieriger und komplexer ein Thema ist, umso schwerer fällt uns die Bewertung. Bequemer ist es, wenn wir möglichst wenig entscheiden und uns mit Routine aus der Affäre ziehen, getreu dem Motto: Was gestern und heute richtig war, wird auch morgen nicht falsch sein.

Wir können auch Werturteile treffen, indem wir Anstehendes möglichst einfachen Kategorien zuordnen. Je kraftvoller und zugespitzter unser Urteil ausfällt, desto eindeutiger wird unser Weltbild. Klare Bewertungen erlauben uns, die Welt um uns herum zu erfassen: Das eine ist gut, das andere schlecht. Dieser Gedanke ist nützlich, jene Überlegung überflüssig. Dieser Mensch ist intelligent, der andere dumm. Diese Frau hier ist nett, der Mann dort: ein Schwein! Schlichtes Denken ist ökonomisch und spart Energie. Eine Differenzierung in Grautöne ist viel mühsamer als eine Aufteilung in schwarz und weiß.

Eine schnelle Unterscheidung zwischen Gut und Böse kann zwar in manchen Situationen hilfreich sein. Das ist dann der Fall, wenn wir sofort handeln müssen. So müssen wir in einer bedrohlichen Situation beispielsweise entscheiden: Sollen wir flüchten oder angreifen?

Hier lauert eine weitere Falle, die unsere Achtsamkeit fordert. Wir geraten, je zivilisierter und kultivierter wir leben, desto seltener in lebensgefährliche Situationen. Dennoch halten manche Menschen weiterhin an einer Aufteilung der Welt in Gut und Böse fest. Sie übertreiben es mit ihren Werturteilen – vor allem bei Dingen, die angeblich nichts wert sind. Sie fühlen sich von Feinden umzingelt. Permanente Abwertung erleichtert uns vielleicht das tägliche Leben. Sie macht aber auch sehr einsam. Eine positive Beziehung zu anderen Menschen und unbekannten Dingen zu entwickeln, fällt auf diese Weise schwer. Gehen wir stattdessen lieber achtsam mit uns und der Mitwelt um. Denn: Wir können kaum eine Beziehung zu jemand aufbauen, den wir ablehnen. Übermäßige Werturteile trennen uns von anderen Menschen und neuen Erfahrungen.

Manche Menschen solidarisieren sich in negativen Urteilen. Der Preis dafür ist höher, als viele zunächst wahrhaben wollen. Hier ist unsere Achtsamkeit gefragt. Lassen wir es nicht so weit kommen, dass wir als ewige Nörgler den Kontakt zu den positiven Kräften des Lebens verlieren. Ablehnung und Negation können zwar Gemeinschaft mit anderen schaffen, aber was für eine! Der Nährboden für Verständigung sieht anders aus. Permanentes Misstrauen gegenüber anderen, Ablehnung und Verneinung verstellen den Zugang zur Welt. Gehen wir stattdessen lieber offen und aufmerksam an Situationen heran, in denen wir für uns neue Entscheidungen treffen sollen.

Zwischenstopp

- Welche Urteile fällen Sie?
- Neigen Sie in Ihren Urteilen zu extremen Bewertungen?
- Auf welche Urteile könnten Sie auch verzichten?
- Was könnten Sie ganz urteilsfrei belassen?

(2) Allein im Meer des Mittelmaßes

Noch einsamer werden wir, wenn andere Menschen die Umstände nicht so grässlich finden wie wir und uns daher die Gefolgschaft verweigern. Selbst erfolgreiche Menschen fühlen sich von der Unzulänglichkeit anderer gequält, als befänden sie sich in einem Meer von mittelmäßig Begabten.

»Meier kann nichts. Schulze quatscht immer denselben Käse. Müller fällt seit Jahren nichts Neues ein. Schmidt hat die falsche Weltanschauung. Bauer ist ein Spinner und Wagner ein Psychopath.« Wer so urteilt, sitzt in der Falle seiner überzogenen Werturteile. Diese Menschen kommen zu dem Schluss: »Ich bin der Einzige, der es zu etwas bringt. Darum muss ich alles selbst machen.«

Wer in der Urteilsfalle sitzt, ist von außen leicht zu erkennen. Die Äußerungen sind durch und durch negativ, sie richten sich konsequent auf das Unvermögen anderer. Solche abwertenden Menschen suchen geradewegs nach den Fehlern ihrer Umgebung. Sie registrieren gar nicht erst, was andere gut machen, und verweigern hochmütig jede Anerkennung für deren Leistungen. Sich selbst schätzen diese Menschen dafür umso mehr.

Schenkt ein solcher Mensch doch einmal einem anderen Respekt, so schlägt dies leicht in übertriebene Bewunderung um. Sie hält meist aber nicht lange. Der unrealistischen Überhöhung folgt rasch der Absturz ins Bodenlose. Das Urteilsvermögen hat hier mit der Realität wenig zu tun. Darin drückt sich ein entscheidendes Defizit an Achtsamkeit aus.

(3) Alles muss man selbst machen

Destruktive Verneiner stehen ständig unter Druck. Sie misstrauen anderen grundsätzlich und permanent. Also behalten sie alle Entscheidungen in ihrer Hand. Sie können ja ihrer Ansicht nach niemand anderem trauen. Niemand genügt ihren Ansprüchen. Also müssen sie alles selbst und am liebsten allein tun. Das Leben gerät zu einem Kampf gegen das allgegenwärtige Mittelmaß.

Weil solch ein Mensch andere seine Unzufriedenheit deutlich spüren lässt, lähmt er seine Umgebung. Was glaubt er nun? Er müsse noch mehr leisten. Er müsse selbst Kleinigkeiten persönlich genehmigen. Es könnte sonst etwas schiefgehen, glaubt er. Auch hat er große Angst davor, die Kontrolle zu verlieren.

Menschen in der Abwertungsfalle werden unmerklich zum Opfer ihrer gegen andere gerichteten negativen Werturteile. Sie können anderen kein Vertrauen schenken, weil sie nichts Gutes an ihnen finden können. Solche »Kompetenzbomben« sind häufig so angespannt, dass sie andere unwillkürlich unter Druck setzen. Sie lauern förmlich auf Fehler und Unzulänglichkeiten ihrer Umgebung. Entdecken sie solche wirklich, fühlen sie sich bestätigt. Als Vorgesetzte machen sie anderen das Leben schwer und schaden noch dazu dem Unternehmen. Sie entwickeln aber auch im Privatleben ihre zerstörerische Wirkung.

Solche Menschen haben häufig wenig Humor und leiden verstärkt an chronischen Krankheiten. Die Menschen in ihrer Umgebung ziehen sich zurück. In der Umgebung solcher Abwerter herrscht selten eine gelöste Stimmung. Spontaneität und Heiterkeit haben in ihrem Leben keinen Platz. Diese Beispiel zeigen: Achtsamkeitsverlust hat seinen Preis.

(4) Behutsamkeit und Mut zu Fehlern

Negative Werturteile können sich gegen uns selbst richten. Wir vereinsamen und verlieren das Vertrauen in die Welt. Leicht übersehen wir das Gute und überfordern uns und unsere Umwelt. Lernen Sie also, behutsam zu werten, allein schon um sich selbst zu schützen. Erlauben Sie sich, einmal nicht zu werten. Vertrösten Sie Ihren inneren »Abwerter« auf einen späteren Zeitpunkt. Machen Sie dieser inneren Stimme klar: Sie können eine bestimmte Sache später immer noch bewerten. Wenn Ihr »innerer Abwerter« sich wieder meldet, fragen Sie sich: Können Sie diesem etwas Positives entgegensetzen?

Erlauben Sie sich und anderen ein gewisses Maß an Fehlern. Selbstverständlich sollten in manchen Situationen einfach keine Fehler passieren. Halten Sie sich jedoch vor Augen: Die Dinge sind oft nicht ganz so wichtig, wie sie auf den ersten Blick erscheinen. Viele Fehler lassen sich tatsächlich korrigieren.

Vor allem aber: Lassen Sie auch die anderen Menschen Fehler machen. Ziehen Sie nicht alles an sich selbst. Ermuntern Sie die Menschen weiterzumachen – auch wenn ihnen vielleicht gerade ein Fehler passiert ist. Sorgen Sie dafür, dass die Menschen etwas aus ihren Fehlern lernen können. Vertrauen Sie Ihrer Lernfähigkeit – und der Lernfähigkeit Ihrer Mitmenschen. Die Arbeit fällt uns leichter in einer Atmosphäre, wo Fehler in bestimmten Grenzen erlaubt sind.

Der Anspruch von Perfektion ist hingegen gefährlich. Er ist absurd und führt nur dazu, dass wir Fehler verdrängen. Wir verlernen auf diese Weise, unserer Achtsamkeit zu vertrauen – und verlieren diese Eigenschaft irgendwann ganz. Sie ist ja anscheinend nichts wert. Ein ganzes Unternehmen leidet darunter, samt den Ergebnissen der gemeinsamen Arbeit. Dieser Aspekt wird uns im 15. Kapitel noch weiter beschäftigen.

Fehlerverdrängung bedeutet Achtsamkeitsverlust. Wie weit das unausgesprochene Gebot zur Fehlerverdrängung gehen kann, zeigt sich in dem bekannten Märchen »Des Kaisers neue

Kleider« von Hans Christian Andersen. »Aber er hat ja gar nichts an!«, sagt endlich ein kleines Kind über den nackten Kaiser. Die Moral von der Geschicht': Sämtliche Untertanen haben offenbar gelernt: »Du sollst nichts merken!« Aus der Perspektive der Achtsamkeit bedeutet dieses Gebot, dass man nicht auf die Wahrheit achten soll. Nur das Kind durchbricht das ungeschriebene Gesetz. Der Kaiser kommt dadurch in eine missliche Lage. Weiter heißt es in dem Märchen: »Das ergriff den Kaiser, denn das Volk schien ihm recht zu haben, aber er dachte bei sich: ›Nun muss ich aushalten‹. Und die Kammerherren gingen und trugen die Schleppe, die gar nicht da war.«

Verdrängte Fehler wirken sich oft mit zeitlicher Verzögerung, dafür aber umso heftiger aus. Wer Angst hat, Fehler zu begehen, traut sich und seinen Mitmenschen keine Lernfähigkeit zu. Achtsamkeit für Fehlentwicklungen bedeutet eben nicht, dass keine Fehler passieren dürfen. Es gilt, darauf zu vertrauen, dass wir die Fehler aufdecken und Schäden wiedergutmachen können.

7. Achtsamkeit statt Perfektionismus

(1) Alles soll vom Feinsten sein

Das Gute ist bekanntlich einfach gut. Wir alle wollen gern so viel Gutes so häufig wie möglich um uns haben. Wir streben nach Vollkommenheit – das ist menschlich, nur auf diese Weise können wir wirklich große Leistungen erbringen. Wir sehnen uns auch nach hochwertigen Gütern und Luxus – auch das ist menschlich. Achtsamkeit verlangt kein asketisches Leben. Sie achtet das Gute, und darin hat auch ein gewisser Überfluss seinen Platz.

Fehlentwicklungen gibt es auch hier. Sie sind alltäglich, oft unauffällig, und genau deswegen gehen wir so schnell in diese Falle. Die Sehnsucht nach Perfektion wird leicht zum Selbstzweck – und nimmt bei manchen Menschen zwanghafte Züge an. Warum geschieht das so? Halten wir uns Folgendes vor Augen: Wir erleben nicht ständig großartige Dinge. Das wäre auch gar nicht möglich. Wir würden uns bei einer Wiederholung auch nicht so großartig fühlen wie beim ersten Mal. Ein Beispiel: Jeder Mensch kann das Meer nur einmal im Leben zum ersten Mal sehen. Jeder weitere Besuch ist Wiederholung. Dem zweiten oder dritten ähnlichen Erlebnis fehlt die Frische des Anfangs, dem bekanntlich ein Zauber innewohnt.

Dasselbe gilt für andere Dinge im Leben. Nehmen wir zum Beispiel Genussgüter. Trinkt jemand ständig hervorragenden Rotwein, verliert er rasch das Interesse am normalen Landwein. Er will das herausragende Erlebnis mit dem Spitzenwein wiederholen. Er sucht nach noch besseren Rebsorten, weltberühmten Winzern. Er will seinen Genuss unbedingt noch weiter steigern. Und schon sitzt er in der Genussfalle. Der normale Wein schmeckt ihm längst nicht mehr, da er ihn nur noch mit dem früher genossenen edlen Tropfen vergleicht. Der Volksmund weiß: Das Bessere ist der Feind des Guten. Solch ein Weinkenner macht sich selbst arm.

(2) Achtung: Luxusfalle

Wir Menschen glauben gern, wir würden immer glücklicher, wenn wir immer noch etwas Besseres genießen könnten. Leider tritt dies nicht immer ein. Eine Art psychische Wohlstandsverelendung ist die Folge. Es ist ein diffuses Gefühl des Unglücklichseins, das sich etwa in Aussagen wie diesen zeigt: »Der Lachs war letztes Jahr zu Silvester aber viel besser.« Dieses harmlose Beispiel lässt sich auf viele Lebensbereiche übertragen. Manch einer geht in dieser Art mit Menschen um. Der Vergleich ist nach einem bekannten Sprichwort der Tod der Liebe.

Zwischenstopp

- Was genießen Sie wirklich, wenn Sie so denken?
- Haben Sie nur noch die Freude, dass früher alles besser war?
- Denken Sie: »Das steht mir zu – sonst bin ich beleidigt«?
- Was hat diese Lebensauffassung mit Achtsamkeit zu tun?

Viele Menschen fühlen sich persönlich gekränkt, wenn sich ihr Leben anders entwickelt als gewünscht und ihnen die Erfüllung ihrer Wünsche vorenthält. Sie brauchen doch ein großartiges Berufsleben und ein teures Auto … Zerstörerischer Neid hat hierin seinen Ursprung. Unsere Erwartung auf mehr hat sich nicht erfüllt. Andere haben dies aber durchaus bekommen. Das finden wir ungerecht.

Auch eine Gesellschaft bekommt ein Problem, wenn die Erfüllung aller Erwartungen zur Norm erklärt wird. Schlecht wird es dann, wenn die Dinge nicht gut laufen. Dann werden Fehler geleugnet, man macht so weiter wie bisher, so lange das noch irgendwie möglich ist. Probleme werden verschleppt. Gerade vergleichsweise gut abgesicherte Wohlstandsgesellschaften reagieren selten rechtzeitig und entschlossen auf Probleme. Man geht doch vom Erfolg aus! Warum sollte da ein Systemwechsel erforderlich sein?

Viele Menschen haben Angst davor, das Bessere zu verpassen und zu kurz zu kommen. Schließlich könnten sie sonst nur mittelmäßigen Erfolg erwirtschaften. Das Gute allein genügt ihnen nicht. Enttäuschung ist vorprogrammiert. Mag sich auch der Genusssinn steigern, die Freude steigert sich wohl kaum. Auch die Fähigkeit, mit anderen Menschen und Dingen in Kontakt zu treten, stagniert. Kommunikation wird zum Wettbewerb über den gelungensten Konsum. Konsumerlebnisse sollen das Leben ersetzen. Doch wo bleibt hier die Achtsamkeit?

(3) Achten Sie auf Ihren eigenen Wert

Wir können uns durch negative Werturteile von anderen unterscheiden, aber auch durch absichtliche Überhöhung. Manche Menschen überschätzen die eigene Person oder andere Menschen, aber auch Gegenstände und bestimmte Werte im Leben.

Im Mittelpunkt steht dabei häufig der eigene Status. Genuss und Konsum dienen gleichermaßen dazu, sich einen höheren Status in der Gesellschaft zu erwirtschaften. Die Genusskapazitäten sind aber allein aus körperlichen Gründen begrenzt. Reiche Menschen streben daher gern auf abstrakteren Ebenen nach noch mehr Status. Sie wollen etwas haben und dann – noch mehr davon! Diese innere Weltanschauung tritt an die Stelle des Genusses und macht in letzter Hinsicht unglücklich.

Ziel unserer Perfektionsansprüche ist das eigene Ego: Es möchte sich von anderen abheben. Zu diesem Zweck sollen die eigenen Güter exquisit sein, der Lebensstil etwas Besonderes und die uns umgebenden Menschen außerordentlich interessant. Damit werden doch die anderen erfassen, wie toll wir sind – oder?

Und was hat das Ganze mit Achtsamkeit zu tun? Wir verfolgen ein Hobby nicht aus Interesse, sondern um unser Ego aufzuwerten. Ein Weinkenner konkurriert mit dem anderen. Man prahlt, anstatt wirklich zu genießen. Und wozu das alles?

Achten Sie auf Ihre innere Einstellung zu Genuss und Wohlstand. Freuen Sie sich und seien Sie dankbar für das, was Sie umgibt.

Zwischenstopp

- Wo beginnt die Freude? Wo liegt Ihre persönliche Genussschwelle?
- Wie perfekt muss etwas sein, damit Sie sich freuen können?
- Was sind für Sie »einfache Freuden«?
- Haben Sie häufig das Gefühl eines großen Ungenügens?
- Wie offen sind Sie in Ihrer Begeisterungsfähigkeit?

(4) Achtsamkeit für Wendepunkte

Die Kosten für das scheinbar gesteigerte Lebensgefühl stehen manchmal in keinem Verhältnis zum tatsächlichen Ergebnis. Denken Sie dabei an das folgende Prinzip: Der Erfolg nimmt ab einem bestimmten Punkt trotz gesteigerter Bemühungen ab. Wir plagen uns noch mehr und erreichen noch weniger. Ein Beispiel sind hochwertige HiFi-Anlagen. Ab einer bestimmten Qualität kann unser Gehör die Verbesserung gar nicht mehr wahrnehmen. Der Hörgenuss steht in keinem angemessenen Verhältnis zu den Kosten der Anlage.

Auch die Glücksforschung hat solche Wendepunkte für unsere Glücksgefühle aufgezeigt. Das Wohlbefinden steigt ab einem bestimmten finanziellen Einkommen nicht mehr signifikant an. Manche Menschen geraten sogar in Angstzustände: Werden sie das Niveau des Erreichten dauerhaft halten können?

Die Umschlagpunkte mögen bei jedem Menschen anders

verteilt sein. Dennoch kann jeder in die Perfektionismusfalle geraten. Hier ist Ihre Achtsamkeit für die hauchdünne Grenze gefragt: Achten Sie auf Ihren tatsächlichen Genuss. Wie gut fühlen Sie sich bei einer Sache wirklich?

Vergeuden Sie Ihre Lebensenergie nicht für immer noch bessere Produkte und Genüsse. Dadurch kann Ihnen Achtsamkeit verloren gehen. Womöglich können Sie den gesteigerten Hörgenuss durch die teurere HiFi-Anlage gar nicht erkennen. Was nützt es Ihnen dann, wenn Sie sich die Großartigkeit Ihres Lebens einreden wollen? Wohin führt es, wenn Ihre scheinbaren Quellen der Lebensfreude Ihnen kaum noch Lust und Freude schenken? Was haben Sie davon, wenn Sie in Wahrheit nichts mehr spüren und genießen können?

Wir haben bereits gesehen: Wer sein Leben so weit wie möglich verplant, kann damit ein hohes Maß an Effektivität und Effizienz erreichen. Ein modernes Leben will gut organisiert sein; andernfalls geht man leicht im Alltag unter. Doch Vorsicht: Wenn Sie jeden Moment Ihres Lebens durch und durch planen – haben Sie da noch Spielräume, um etwas spontan zu tun?

Viele belassen es nicht dabei, Ihr Berufsleben durch und durch zu planen. Auch die Freizeit soll diesem Prinzip folgen. Im Kalender eines vollendeten Zeitmanagers könnte stehen: »Dienstag, 23.00 bis 0.30 Uhr Zeitfenster für Beischlaf. Reservetermin: Freitag, 0.00 bis 01.00 Uhr.« Natürlich: ein Beispiel mit Augenzwinkern. Aber etwas Wahres ist doch dran. Wo ist die Achtsamkeit geblieben? Die Achtsamkeit für den Partner und für die eigene Lust?

Gehen Sie achtsam mit Ihren Wünschen um! Lassen Sie Ihrer Lust am Müßiggang einmal freien Lauf! Verfolgen Sie unkonventionelle Ideen oder seien Sie einmal faul, wenn es Ihnen Spaß macht!

(5) Achtsamkeit in der Partnerschaft

Leben wir achtlos vor uns hin, geraten wir leicht in eine Beziehungsfalle. Das kann dann so aussehen: Ich fühle mich erst richtig als Mensch, wenn ich wirklich sicher bin, den idealen Partner gefunden zu haben. Vorher lasse ich lieber alles offen.

Dabei gilt: Gerade das Streben nach Perfektionismus verhindert eine erfüllende Partnerschaft. Perfektionismus hindert uns mehr, als er uns nützt, den richtigen Partner zu finden. Wir laufen achtlos an vielen Menschen vorbei, weil wir meinen, dass sie nicht perfekt zu uns passen. Und hat man einmal eine Wahl getroffen, kann man sich nie sicher sein: Ist es wirklich der Richtige? Wen überrascht es, dass diese Menschen nie an ihrem Ziel ankommen und ewig unglücklich in ihren Beziehungen sind?

Bedenken Sie: Achtsamkeit ist keine Garantie auf Lebensglück. Gehen wir lieber mutig das eine oder andere Risiko ein. Es geht nicht um den perfekten Partner an sich – den kann es nicht geben, denn jeder hat eine andere Vorstellung davon. Wählen Sie lieber mit Achtsamkeit den passenden Partner!

Eine weitere Schwierigkeit stellt sich ein, wenn Perfektionisten doch einmal glauben: Das ist aber jetzt meine Traumfrau! Sie hegen dann riesengroße Erwartungen an sie – Erwartungen, die ein Mensch kaum erfüllen kann, schon gar nicht über längere Zeit hinweg. Und schon ist es vorbei mit der Achtsamkeit im Umgang miteinander!

Viele langjährige Beziehungen scheitern am Wunsch nach dem perfekten Partner. Die nächste Partnerin soll zumindest deutlich besser sein! Bei Weitem nicht alle Ehen zerbrechen an Tragödien oder weil die Partner sich gegenseitig das Leben zur Hölle machen. Viele Beziehungen scheitern letztlich aus Langeweile. Man macht sich Illusionen: Was läge näher als auszusteigen und ein interessanteres Leben zu beginnen? Dann stellt sich mit Sicherheit auch besserer Sex ein. Und mehr Anerkennung vom neuen Partner! Das muss doch so sein – oder?

Ein traditionelles Klischee: Ein erfolgreicher Mann hat es zu

Wohlstand und Ansehen gebracht. Aber jetzt passt ihm seine alte Ehefrau nicht mehr. Sie ist nicht gut genug für sein neues, erfolgreiches Leben. Doch Achtung: Sind Ihre Erwartungen realistisch? Mit mehr Achtsamkeit können Sie solche Entwicklungen vielleicht verhindern. Lernen Sie, solche Fallen rechtzeitig zu erkennen! Der amerikanische Professor für Psychologie David Schnarch gibt in seinem kürzlich auf dem deutschen Markt erschienen Buch »Die Psychologie der sexuellen Leidenschaft« eine Fülle praktischer Hilfestellungen. Aber Achtung: Man kann vor allem die eigenen Erwartungen beeinflussen – bei den Erwartungen eines Partners gelingt dies viel schwerer!

8. Achtsamkeit in der Freizeit: »Ich amüsiere mich, also bin ich«

(1) Der hedonistische Irrtum

Das Glück liegt auf der Straße – heißt es. Was liegt also näher, als zu glauben: Es ist für alle ständig zu haben. Dieses Prinzip fordert unsere Achtsamkeit in hohem Maße heraus. So manche Menschen leben nach der Maxime »Ich amüsiere mich, also bin ich.« Umgekehrt gelesen heißt das aber: »Wenn ich mich nicht amüsiere, existiere ich nicht.« Wir wünschen uns ein ständig gutes und befriedigendes Leben, das unkompliziert verfügbar ist. Bequeme Unterhaltung gehört für viele zum guten Leben.

Hedonismus steht mit Achtsamkeit nicht im Widerspruch. Problematisch wird es erst, wenn wir unsere Lust ständig maximieren wollen und diese Bemühungen über alles andere stellen. Damit hat die gebotene Achtsamkeit gegenüber sich selbst und anderen nichts mehr zu sagen. Es geht ja um die eigene Lust – was kümmern einen da die anderen Menschen?

Diese Lustfalle ist gewissermaßen das Gegenteil des zuvor besprochenen Effektivitätswahns. Wir möchten gern glauben: Ein gelungenes Leben sollte ohne Anstrengung zu haben sein. In der Spaßgesellschaft steht doch jedem von uns ein schnelles Glück ohne Mühe in Aussicht – oder nicht?

Das Versprechen stellt sich bald als falsch heraus. Der amerikanische Medienkritiker Neil Postman warnte bereits vor 20 Jahren in seinem gleichnamigen Buch: »Wir amüsieren uns zu Tode«. Gehen wir also lieber rechtzeitig achtsam mit den Möglichkeiten der Unterhaltungwelt um.

(2) Ist das Entspannung?

Halten Sie sich einmal das Ausmaß des Unterhaltungskonsums vor Augen. Kinder und Jugendliche sehen täglich etwa zwei bis fünf Stunden fern. Manche Jugendliche nutzen fast ausschließlich ihren PC als Medium für den Kontakt zu anderen Menschen. Nicht nur junge Menschen verbringen viele Stunden mit Computerspielen und in Chatrooms. Sie bewegen sich zu wenig und leiden zunehmend unter Übergewicht. Dazu kommen die Folgen zu lauter Musikberieselung. Das Stichwort heißt Reizüberflutung.

Fragen Sie sich einmal ernsthaft: Wie entspannt kann man bei einem solchen Verhalten sein? Das Kommunikationsverhalten zwischen den Menschen verändert sich in westlichen Gesellschaften zunehmend. Der persönliche Kontakt nimmt ab. Dafür sind wir auf dem Handy oder per E-Mail ständig erreichbar.

Die Bilderwelten werden immer rasanter. Computerspiele sind oftmals gewalttätig und grell, ebenso viele Fernsehsendungen. Die ersten Kindersendungen des Fernsehens wirken im Rückblick geradezu naiv. Zu frühes Fernsehen schädigt die Konzentrationsfähigkeit der Kinder. Auch die Schulen bemerken, dass viele Kinder und Jugendliche sich nicht lange konzentrieren können. Aufmerksamkeitsstörungen nehmen zu. Achten Sie daher auf die Gefahren des Unterhaltungskonsums in den ersten Lebensjahren!

Die ständigen Unterhaltungsangebote schaden unseren Gesellschaften insgesamt. Nicht nur die Jugendlichen, wir alle verhalten uns zunehmend infantiler. Mit Achtsamkeit können Sie dem gegensteuern. Führen Sie ernsthafte Gespräche. Diskutieren Sie moralische Maßstäbe. Will man sie abschaffen, nur weil man dann Kuba cool finden und Fidel Castro als Pop-Ikone verehren kann? Wohin führt uns das persönlich?

(3) Steuern Sie Ihre Unterhaltung selbst?

Achtsamkeit bedeutet zuallererst: Achten Sie auf Ihre Bedürfnisse. Welches Maß an Unterhaltung passt zu Ihnen? Mit wie viel Bequemlichkeit fühlen Sie sich wirklich wohl? Steuern Sie Ihren Unterhaltungskonsum dementsprechend. Muten Sie sich auch ein wenig Anstrengung zu. Erlernen Sie eine neue Sportart oder ein Musikinstrument. Lesen Sie interessante Bücher – auch wenn sie umfangreich sind! Genießen Sie wieder einmal die Natur oder umgeben Sie sich mit einem Haustier. Achten Sie darauf, wie es Ihnen dabei geht.

Viele Freizeitbeschäftigungen erfordern Ausdauer, Konzentration und Disziplin. Das gilt auch für Ernährungsgewohnheiten. Selbst die Ernährung kann zur Unterhaltungsfalle werden. Gesundes Essen ist nicht notwendigerweise teuer. Fastfood kostet häufig mehr Geld, aber auch Energie. Es ist nur müheloser im Konsum. Seien Sie daher achtsam mit sich selbst. Finden Sie heraus, was Ihnen guttut!

Die körperliche Fitness vor allem bei jungen Männern nimmt ab, vor allem in den sogenannten bildungsfernen Gruppen der Gesellschaft. Um die sprachliche Ausdrucksfähigkeit vieler Menschen ist es ähnlich bestellt. Die Unterhaltungsindustrie hat wohl einiges dazu beigetragen. Viele Menschen können mit der Fülle der Unterhaltungsangebote kaum mehr sinnvoll umgehen. Lassen Sie es für sich nicht so weit kommen. Gehen Sie achtsam mit den Möglichkeiten um! Und achten Sie darauf, was die Unterhaltungsformen mit Ihnen machen. Fragen Sie sich: Wollen Sie das?

Zwischenstopp

- Welche Unterhaltungsformen konsumieren Sie täglich, wöchentlich, gelegentlich?
- Wie viel Unterhaltungskonsum brauchen Sie, um sich wohlzufühlen?

- Was haben Sie davon?
- Gehen Sie kritisch mit Ihren Unterhaltungsbedürfnissen um?

(4) Wohin möchten Sie sich orientieren?

Die Medien vermitteln uns unter dem Deckmantel der Unterhaltung gern falsche Leitbilder, die mit der Realität wenig zu tun haben. Seit Jahrzehnten verherrlichen Film und Fernsehen den ungebundenen, aber erfolgreichen Helden, etwa in den immer gleichen James-Bond-Filmen. Er hat alles unter Kontrolle und führt ein aufregendes Leben. Freiheit ohne Bindung steht dabei im Mittelpunkt. Filmfiguren leben Lust ohne Last. Diese Philosophie zeigt sich als gesellschaftlicher Trend: Viele junge Menschen lehnen es heute ab, eine Familie zu gründen.

Damit wollen sie gerade in den kraftvollen Lebensjahren mehr Chancen haben, das Lebensglück selbst zu steuern. Realistisch betrachtet gilt: Ohne die Bereitschaft zum Verzicht kann es keine Familien geben. Verzicht- und Opferbereitschaft geraten außer Mode. Eher gilt: Wer verzichtet, ist dumm. Wir leben in einer Gesellschaft der Wohlstandshedonisten. Die Krise der Familie in Europa deutet auch auf eine Wertekrise hin. Man möchte ewig jung bleiben, möglichst stressfrei leben, sich jederzeit amüsieren können. In den Siebziger- und Achtzigerjahren waren apokalyptische Zukunftsängste der Grund für manche Menschen, keine Kinder zu bekommen. Heute sorgen sich kinderlose Menschen offenbar eher, selbst nicht am Wohlstand teilzuhaben.

Seien Sie achtsam: Gehen Sie mit dem Angebot an Unterhaltung sorgfältig um. Betrachten Sie die Themen Wohlstand und ewige Jugend realistisch. Achtsamkeit für Ihre eigenen Werte bedeutet immer auch: Gehen Sie Versprechen nicht leichtgläubig auf den Leim. Leichtgläubigkeit und Bequemlichkeit sind das Gegenteil von Achtsamkeit. Wir können durch den Mut zu anderen und neuen Zielen und auch durch die Bereitschaft zum Verzicht achtsamer mit unseren eigenen Bedürfnissen umgehen.

Schaffen Sie ein Gegengewicht zu Ihren Unterhaltungsbedürfnissen. Suchen Sie sich erfüllendere Tätigkeiten. Sie können sich in Ehrenämtern engagieren oder regelmäßig Sport treiben, etwas Neues lernen oder sich in einem Debattierclub betätigen. Wählen Sie mit Achtsamkeit immer wieder aufs Neue, welche Wege zu Ihnen passen.

9. Achten Sie auf die Angst, das gute Leben zu verpassen

(1) Achtsam mit eigenen Erwartungen und Ängsten umgehen

Achtsamkeit berührt unser Verhältnis zur Zeit. Welche Erwartungen richten wir an sie? Wie gehen wir mit unserer Lebenszeit um?

Viele Menschen haben Angst, etwas zu versäumen. Solche Ängste sind häufig die Kehrseite der Erwartungen, die sich nicht erfüllt haben. Sie können mächtige Kräfte für unser Tun und Streben sein. Wo Angst uns erfasst, haben wir plötzlich kein Vertrauen mehr in die Zeit: Wir können nicht mehr glauben, dass uns die Zeit Gutes bringen wird.

Ängste können uns besonders gefährliche Fallen stellen. Sie verbauen Chancen und machen uns im Extremfall lebensunfähig. Beachten Sie Ihre eigenen Ängste: Nehmen Sie sie wahr und beobachten Sie sich selbst: Wann haben Sie Angst? Wie lähmt Sie die Angst? Wir können auf diese Weise die Dynamik unserer eigenen Ängste erkennen und sie bremsen. Vernachlässigen wir unsere Achtsamkeit, dann kann die Angst immer stärker werden und uns handlungsunfähig machen.

Besonders weit verbreitet ist die Angst, das gute Leben zu verpassen. Paradoxerweise tritt sie besonders in den westlichen Gesellschaften auf. Die Gründe dafür liegen nicht nur im Wohlstand selbst und in dem Problem der vielen Wahlmöglichkeiten. Die Menschen in unserer Gesellschaft verfügen heute über relativ viel Freiheit. Häufig fehlen jedoch feste Orientierungspunkte. Viele Menschen empfinden eine große Unsicherheit.

Auch die Emanzipation weist ihre eigene Dialektik auf. Wir wollen alte, einengende Bindungen loswerden – und geraten dabei in neue Bindungen. Diese entwickeln sich nach einiger Zeit ebenfalls als einengend. Die 68er-Generation stand häufig vor dieser Herausforderung: Aus Sozialrevolutionären wurden nicht selten Neo-Spießer mit Pensionsanspruch und Reihenhaus.

Warum verwirrt uns das so? Wir Menschen kommen offensichtlich auf Dauer nicht ohne persönliche Werte und eine gewisse Orientierung aus. Allerdings fällt es in vielen Lebensbereichen immer schwerer zu bestimmen: Was ist konservativ? Und was ist fortschrittlich? Vieles steht zur Wahl, doch was wählen wir? Wohin wollen wir wirklich? Hier kommt unsere Achtsamkeit ins Spiel. Wir selbst sind für unsere Ziele und Leitsterne verantwortlich.

Schließlich gilt: Je mehr Möglichkeiten ich zur Auswahl habe, umso eher treffe ich womöglich eine falsche Entscheidung. Revolte ist einfach, an die Stelle des Alten die richtige Alternative zu setzen, ist dagegen ungemein schwer. Deshalb solidarisieren wir uns so leicht *gegen* etwas, aber nicht unbedingt *für* eine gemeinsame Sache.

Freiheit bedeutet immer auch die Freiheit zu scheitern und das gute Leben zu verfehlen. Das misslungene Leben ist – Schicksalsschläge ausgenommen – gerade kein unabwendbares Geschick in einer vorgegebenen Weltordnung. Es ist häufig die Konsequenz aus unseren eigenen erhöhten Erwartungen. Dass der Sozialstaat Risiken wie Krankheit oder Arbeitslosigkeit abfedert, ändert nichts an diesem grundsätzlichen Preis der Freiheit.

Hinzu kommt Folgendes: Selbst wenn ich glaube, in meinem Leben halbwegs glücklich zu sein, kann ich doch nie wirklich sicher sein: Hätte ich nicht vielleicht eine noch bessere Lebensform finden können? Der Zweifel bleibt selbst im gelungenen Lebensentwurf bestehen. Von daher rührt eine tiefsitzende innere Unruhe, die sich bis zu der ständigen Angst steigern kann, das Beste im Leben zu verpassen. Vielleicht hat man falsch entschieden, vielleicht einfach nicht aufgepasst.

Betrachten Sie Ihr gegenwärtiges Leben voller Achtsamkeit. Nur Sie selbst können sich sicher sein, das für Sie richtige Leben zu führen. Halten Sie sich die glücklichen Elemente Ihres Lebens vor Augen. Auch wenn es viele andere Möglichkeiten gäbe – man hat sich doch aus gutem Grund für dieses Leben entschieden. Und manchmal hatte man auch gar keine Wahl.

Gehen Sie achtsam mit Ihren Zweifeln um. Man glaubt gern, das Leben könnte noch besser gelingen – in jedem Lebensalter. Wir könnten etwas übersehen haben – gerade in der heutigen Wissensgesellschaft sind viele Informationen verfügbar. Je mehr man weiß, umso mehr wächst die schmerzliche Erkenntnis: Man kann immer etwas übersehen.

Experimentieren Sie ruhig ein wenig in Ihrem Leben. Testen Sie Ihre Möglichkeiten und Grenzen. Doch besiegen lässt sich der fundamentale Zweifel nur durch kluge Selbstbeschränkung. Leben wir unser tatsächliches Leben mit Achtsamkeit. Und genießen wir, was uns gegeben ist.

Zwischenstopp

- Welche Erwartungen haben Sie an ihr Leben?
- Wie gehen Sie mit Ihren Erwartungen um?
- Was tun Sie, wenn Ihre Erwartungen sich nicht erfüllen?
- Wie gut können Sie mit Enttäuschungen umgehen?
- Haben Sie häufig das Gefühl, etwas zu verpassen?
- Steigert sich dieses Gefühl manchmal bis zur Angst?

(2) Welche Erwartungen haben Sie an das Glück?

Menschen, die sich ständig von der Angst bedroht sehen, ein gutes Leben zu verfehlen, machen es sich und anderen nicht gerade leicht. Sie legen sich charakteristischerweise möglichst spät auf Ziele fest und schrecken vor Bindungen zurück. Die hohe Kinderlosigkeit in unserer Gesellschaft rührt auch von der Angst her, mit Kindern und den damit verbundenen Einschränkungen vieles zu verpassen.

Die Unsicherheit über die richtigen Lebensziele führt bei vielen Menschen nicht zu mehr Ruhe. Im Gegenteil: Sie beschleunigen ihr Leben noch mehr. Sie glauben, es hilft bei der Jagd nach dem geglückten Leben, das Tempo weiter zu steigern. Sie wollen immer mehr Erfahrungen machen, und das immer schneller. Auch ein vorübergehender Konsumverzicht ändert daran nichts. Man spart dann, wenn man sich in Zukunft viele Konsummöglichkeiten offenhalten will. Wir wollen, dass uns möglichst viele Varianten zur Verfügung stehen.

Mit solchen Wünschen kommen wir jedoch nur schwer an ein Ziel. Dabei wollen wir so schnell wie möglich ankommen! Unser ganzes Leben lang jagen wir einem Ziel nach. Nicht alle Ziele, die wir uns setzen, sind für uns erreichbar. Nicht immer passen die Ziele, wenn wir sie erreichen, noch wirklich zu uns. Und plötzlich wird uns bewusst, dass sich das erhoffte Glück nicht recht einstellen will.

Mit dem rechten Maß an Achtsamkeit können Sie erkennen: Welche Ziele habe ich? Und wie viel Glück erhoffe ich mir? Passt beides für mich noch zusammen? Kontrollieren Sie regelmäßig Ihre Ziele samt den Erwartungen, die Sie damit verbinden!

Zwischenstopp

- Welche Hoffnungen verbinden Sie mit ihren Lebenszielen?
- Machen Sie sich angemessene Hoffnungen oder erwarten Sie nichts?
- Wie fühlen Sie sich beim Gedanken an ein bestimmtes Ziel?
- Was erhoffen Sie sich davon?

Verabschieden Sie sich von überzogenen Glückserwartungen. Damit steigern Sie nur Ihre innere Unruhe. Und die führt sie ebenso wenig ans Ziel wie jenen Esel die Mohrrübe, die ihm sein Reiter vor die Nase hält. Der Esel strengt sich immer noch mehr an – kommt aber seinem Ziel nicht näher.

Achten Sie darauf: Der Schlüssel zu Ihrer Zufriedenheit liegt in Ihnen! Seien Sie sich dessen hier und heute bewusst.

(3) Achtsamkeit und Spiritualität

Wir scheinen immer weniger Zeit zu haben. Das ist besonders da der Fall, wo wir Bindungen verlieren, die über das Leben hinausgehen. Wo Spiritualität und Glaube abhanden gekommen ist, kommt es nur auf das Gelingen des Lebens im Hier und Jetzt an. Der säkularisierte Mensch hat keine Alternative zu seinem Leben – ob es gelingen mag oder scheitert. Wir sind gewissermaßen zum Glück verurteilt – sonst haben wir unser Leben verfehlt.

Manchen Menschen glückt gerade deswegen eine gelassene Lebenshaltung. Doch nicht allzu viele sind zu einer solchen Gelassenheit im Stande. Stoische Gelassenheit zehrt von geistigen Voraussetzungen, die in der modernen Erwerbswelt nicht viel Platz einnehmen.

Glück erscheint dieser Philosophie zufolge allein im Diesseits möglich. Gerade aus diesem Grundgefühl heraus entsteht eine Mentalität der Unduldsamkeit und der Unachtsamkeit. Wir achten allerhöchstens noch auf die besten Chancen für unser Glück. Wehe den Unglücklichen und Gescheiterten! Der Staat jedenfalls ist hoffnungslos überfordert, wenn er im Stile einer Versicherungsanstalt alle nicht geglückten Lebensentwürfe auffangen soll.

Schnelles Glück und Lebenssinn verspricht auch das breite Sinnangebot in Gruppierungen außerhalb der traditionellen Religionsgemeinschaften. Die traditionellen Kirchen scheinen die Sehnsucht nach einem erfüllteren Leben für viele nicht mehr zu erfüllen. Offenbar ist das Bedürfnis nach Sinn jedoch größer als man zunächst erwarten könnte. Manche Gemeinschaften operieren mit seltsamen Heilsversprechen. Dazu zählen Schamanen, Druiden und Hexen ebenso wie germanische Bräuche oder die Kraft der Steine. Vielzählig sind die Angebote einer Heilsdimension, die über das diesseitige Leben hinausreichen soll. Selbst die Gesundheitspflege nimmt mit zunehmender Alterung der Gesellschaft quasireligiöse Dimensionen an.

Zeitgeistforscher haben als zukünftigen Megatrend die »Selfness« identifiziert. Damit meinen sie Prozesse der Selbstfindung und Veränderung, an deren Ziel die psychosoziale Gesundheit stehen soll. Diese Weiterentwicklung der Wellness-Bewegung gewinnt immer stärkere spirituell anmutende Heilsbezüge. Dabei sollte man sich von der sprachlichen Verpackung nicht täuschen lassen. Der Trend- und Zukunftsforscher Matthias Horx hat aufgezeigt, wie sehr die Sehnsucht nach Erlösung im Begriff »Wellness« mitschwingt.

Alle diese Bewegungen belegen letztlich eines: Wir sehnen uns nach einem über das gute Leben in dieser Welt hinausgehenden Sinn. Dieses Bedürfnis existiert selbst in einer vermeintlich rationalen Gesellschaft. Nur wenige Menschen geben sich offenbar mit dem Glück eines rein diesseitigen, auf die Befriedigung grundlegender Bedürfnisse gerichteten Lebens zufrieden.

Achtsamkeit bedeutet in diesem Zusammenhang: Lassen Sie Ihre Bedürfnisse nach Sinn und Spiritualität zu. Der Verzicht auf Spiritualität hat einen hohen Preis. Damit sind wir zum ausschließlichen Glück in der Gegenwart verurteilt.

Gehen Sie sorgfältig mit Ihrem Bedürfnis nach einem Sinn im Leben um. Seien Sie durchaus kritisch in Bezug auf Sinnangebote und Heilsversprechungen aller Art und überlegen Sie gut: Welchem Versprechen und welchem Glauben möchten Sie sich wirklich anvertrauen?

Zwischenstopp

- Achten Sie auf Ihre spirituellen Bedürfnisse?
- Woran glauben Sie?
- Was bedeutet Ihnen Ihr Glaube für die Bewältigung Ihres Alltags?

(4) Anerkennung und Skepsis

Von sich selbst berauschte Menschen und Euphoriker auf der Suche nach dem ultimativen Lebenssinn können mit Achtsamkeit wenig anfangen, hat diese Schlüsselqualifikation doch einen nüchternen Klang. Mit Achtsamkeit können wir überzogenen Glückserwartungen gegensteuern. Wir können unsere eigenen Bedürfnisse nach Glück und Lebenssinn anerkennen. Gleichermaßen befähigt sie uns zur Skepsis und warnt uns so vor allzu einfachen Heilsversprechungen. Wir erkennen die Grenzen unserer Glückserwartungen und können sie endlich akzeptieren, ohne daran zu leiden.

Ein gelungenes Leben bleibt aber eine komplizierte Angelegenheit. Gesteigerter Konsum führt ebenso wenig ans Ziel wie ein beschleunigtes Leben oder häufiger Partnerwechsel. Auch die hastige Suche nach ständig neuen Erfahrungen hilft nicht gegen unsere Orientierungslosigkeit.

Achtsamkeit fordert Sie heraus. Finden Sie mit ihrer Hilfe die Leitsterne für Ihr Leben. Manche Sterne können vielleicht nur Sie erkennen. Andere haben sich zu Ihnen verirrt, gehören aber definitiv nicht zu Ihnen. Auch wenn der Abschied von ihnen schwerfällt: Wer sollte sich von ihnen trennen, wenn Sie es nicht selbst tun? Nehmen Sie Ihr Leben in die Hand – mit Achtsamkeit für sich und Ihre Mitwelt.

10. Die gesellschaftspolitische Dimension der Achtsamkeit

(1) Achten Sie auf gesellschaftliche Fehlentwicklungen

Achtsamkeit hat auch gesellschaftliche Bedeutung. Ganze Gruppen von Menschen geraten leicht in gemeinsame Fallen. Genau deshalb ist die Wirkung häufig so katastrophal. Die Betroffenen können die Falle nur gemeinsam verlassen. Sehr oft geht es dabei um eine politische Dimension. Eine große Zahl von Betroffenen muss erst erkennen: Hier ist eine Falle, wir wollen ihr entgehen und deshalb raffen wir uns jetzt zum gemeinsamen Handeln auf. Ein historisches Beispiel dafür ist die Einführung der Sozialversicherung. Die Risiken von Unfall, Krankheit und Altersarmut werden dadurch für die einzelnen Menschen entschärft. Aber nicht immer gelingt eine gemeinsame Aktion. Ein aktuelles Beispiel ist die schwierige politische Einigung, aktiv etwas gegen den Klimawandel zu tun.

Warum ist es so schwierig, gemeinsames Handeln zu organisieren? Der Grund dafür: Einzelne meinen, sie könnten gut davonkommen – und sei es auf Kosten anderer. Solche Menschen setzen sich mitunter erfolgreich durch – den Schaden tragen andere davon. Solche Fallen sind deswegen so gefährlich, weil sie zu einem Leben auf Kosten der anderen einladen. Diese Zusammenhänge werden am historischen Denkmodell der Allmendefalle deutlich.

Der Begriff Allmende steht für Gemeindeweiden. Diese Wiesen standen im ländlichen Raum ursprünglich jedem Mitglied der dörflichen Gemeinschaft zur Verfügung. Das Weideland gehörte allen gemeinsam. Alle im Dorf konnten die Weide in gleicher Weise nutzen. Dies ging gut, so lange die Leute im Dorf die Zahl ihres Viehbestandes konstant hielten. Nur dadurch übernutzten sie die gemeinsame Weidefläche nicht zu sehr. Mehrte jemand den Viehbestand, litt das Weideland, bis es nach einer Weile unbrauchbar wurde. Die Allmende brach letztlich zusammen. Wer kein eigenes Land besaß und auch sonst keine Futtermittel beschaffen konnte, musste in der Zukunft auf eigenes Vieh verzichten.

Dies geschieht heute überall genauso, wo ein paar Menschen die gemeinsamen Ressourcen zu stark nutzen und dadurch übermäßig schnell verbrauchen. Irgendwann bricht alles zusammen. Dies gilt für natürliche Ressourcen wie den Fischbestand der Ozeane ebenso wie für das Holz der Regenwälder. Aber auch künstliche »Allmenden« wie die Kranken- und Rentenversicherungssysteme leiden unter einer achtlosen Vorgehensweise. Die sozialen Auswirkungen eines Zusammenbruchs sind immer gleich: Wer keine eigenen Ressourcen besitzt und auf die Allmende angewiesen ist, hat das Nachsehen. Die Katastrophe trifft diese Menschen weitaus härter. Ein rechtzeitiger achtsamer Umgang mit gemeinsamen Ressourcen sollte eigentlich jedem Menschen einleuchten.

Eine Katastrophe wird womöglich bei den sozialen Vorsorgesystemen eintreten. Gibt es nicht genug Beitragszahler, steht das System vor dem Zusammenbruch. Wir sparen unsere Beiträge, entgegen der verbreiteten Annahme, nämlich nicht für uns selbst an. Vielmehr finanzieren wir damit die Renten der heute alten Menschen. Somit sind jene Leute, die derzeit in die Rentenversicherung einzahlen, darauf angewiesen, dass auch in ihrem Pensionsalter wiederum genug Menschen einzahlen. Daran bestehen aus heutiger Sicht erhebliche Zweifel, wenn man sich die demografische Entwicklung vor Augen hält. Die Kinderzahlen nehmen in Deutschland seit Jahren dramatisch ab. Etwa ein Drittel der Frauen und Männer eines Jahrgangs bleibt kinderlos. Vielen Alten stehen vergleichsweise wenige Junge gegenüber. Ab 2050 ist jeder und jede dritte Deutsche voraussichtlich älter als 65. Der erwartete Zusammenbruch wird jene Menschen mehr treffen, die sonst auf keine Ersparnisse zurückgreifen können.

Die »Logik der Allmende« gilt abgewandelt auch für kollektive kulturelle und geistige Ressourcen. Wenn eine überwiegende Mehrzahl an Menschen von den Werten Freiheit und Mitmenschlichkeit nicht überzeugt ist, stehen sie auch nicht für ihre Erhaltung ein. Keine Ordnungsmacht der Welt kann diese Werte dann für alle sichern.

Die Problematik der Allmende wird dadurch verschärft, dass wir sogar zukünftig Geborene von ihrem Nutzen ausschließen. Nur wer jetzt lebt, kommt in den Nutzen der sozialen Leistungen. Das Motto vieler Menschen heißt: »Nach uns die Sintflut«. Die Nachkommenden haben das Nachsehen, wenn die Umwelt nicht mehr lebenswert ist und der Staat zahlungsunfähig.

Aber auch die Lebenden genießen sehr unterschiedliche Nutzungsrechte. Ein Beispiel sind Familien mit Kindern. Sie sind von den Kosten für die Erziehung belastet und leisten auch Vorsorge für jene Menschen, die keine Kinder haben – weil diese ja künftig in die Rentenkassen einzahlen sollen. Kinderlose Paare stehen häufig besser da, weil sie sich in einem Doppelverdienerhaushalt zwei Rentenansprüche erworben haben. Die Eltern von Kindern haben sich häufig weniger Rentenansprüche erwirtschaftet. Die finanziellen Lasten der Kindererziehung sind weitgehend privatisiert. Der Nutzen verteilt sich dagegen auf alle. Die Nutzungsrechte am Allmendegut »Zukunftssicherung durch Kinder« sind also ungerecht verteilt.

Hier tut es Not, achtsamer miteinander umzugehen. Seien Sie sich der begrenzten Ressourcen bewusst und behandeln Sie sie achtsam. Allerdings: Wir können den Umgang und die Nutzungsbefugnisse für Allmendegüter nur schwer ändern, solange Menschen davon profitieren. Nutzen und Schaden verteilen sich sehr ungleich über die Bevölkerung. Veränderungen fallen insbesondere dann schwer, wenn der Zustand einigen wenigen einflussreichen Personen nützt.

Beim Zusammenbruch einer Allmende stehen nämlich nicht alle in gleicher Weise schlecht da. Unterschiedliche Menschen reagieren unterschiedlich auf eine Katastrophe. Das zeigte sich auch bei der Situation der überweideten Flächen.

(2) Von Traditionalisten, Gesinnungsethikern und rationalen Egoisten

Wie beim Problem einer überweideten Allmende reagieren die Menschen in ähnlichen Katastrophen nach drei Verhaltensmustern:

Traditionalisten halten am Bewährten fest. Sie halten die Zahl ihres Viehs konstant. Motto: »Das haben wir schon immer so gemacht.« Was gestern richtig war, kann doch heute nicht falsch sein – oder? Sie haben die Katastrophe vielleicht nicht verursacht, aber den Zusammenbruch der Allmende verhindern sie nicht. Die Entwicklung überrollt sie. Sie werden von der Katastrophe mitgerissen.

Einige Menschen haben hohe ethische Ansprüche. Gesinnungsethiker wollen maximalen Verzicht leisten, um die Allmende für alle zu erhalten. Sie reduzieren ihren Viehbestand auf ein lebensnotwendiges Minimum. Die Weide wird entlastet, sie wollen damit mit gutem Beispiel vorangehen. Das wäre eine gute Idee – wenn sich alle daran hielten. Genau das ist meist nicht der Fall. Der Verzicht ist sinnlos, solange andere nicht ebenfalls auf ein Übermaß verzichten. Freiwillige Absprachen nützen meist wenig, um ein verträgliches Nutzungsmaß für alle zu vereinbaren.

Die Egoisten haben ihren Viehbestand inzwischen vervielfacht. Sie tragen damit überproportional zur Vernichtung der Lebensgrundlage für alle bei. Ihre Antriebskraft: Sie wollen aus dem absehbaren Zusammenbruch so viel wie möglich herausholen. Diese Menschen stehen danach am besten da. Wenn alle schlachten, verfällt zwar der Viehpreis. Wer jedoch viel Vieh besitzt und am besten schon vor der Katastrophe verkauft hat, ist besser gestellt als jene Menschen, die wenig oder nichts besitzen. Egoistische Menschen haben nach einer Katastrophe die beste Ausgangssituation. Sie können eigenes Land kaufen und machen sich von der Allmende unabhängig – der sie jedoch ihren Gewinn verdanken.

(3) Kollektivfallen mit Achtsamkeit entgehen

Wie soll man mit solchen Kollektivfallen umgehen? Wer setzt sich im allgemeinen Durcheinander für die Erhaltung der Allmende als Ganzes ein? Achtsamkeit bedeutet hier: Wir müssen unsere Wahrnehmung für Kollektivfallen schärfen. Beobachten Sie: Was ist wirklich für alle gut? Ab wann geht es unaufhaltsam bergab? Trainieren Sie Ihren Sinn für die Wendepunkte. Schärfen Sie Ihre Aufmerksamkeit dafür.

Das Allmendebeispiel zeigt, dass man das Problem durchaus lösen kann. Grundsätzlich gibt es dazu zwei Varianten: Wir können einerseits die allgemeinen Nutzungsregeln für die Allmende verändern. Dafür gilt es, eine Vereinbarung zu treffen. Man schränkt die Nutzungsrechte für alle auf ein erträgliches Maß ein. So lässt sich die Weide für alle erhalten. Gleichzeitig profitieren alle Betroffenen in gleichem Ausmaß vom Gemeinschaftseigentum. Solche Regeln sind in einem funktionierenden Staat üblicherweise die Aufgabe der Gesetzgebung. Exekutivorgane sorgen für ihre Einhaltung. Hier zeigt sich der wesentliche Unterschied zu freiwilligen Absprachen. Der Staat kann die Einhaltung der Nutzungsregeln notfalls mit Zwang durchsetzen. In dieser Variante gilt aber: Alle müssen von der Nützlichkeit der Regeln überzeugt sein. Das ist keine leichte Aufgabe, aber die einzige Chance, das System vor einem Zusammenbruch zu bewahren. Probleme, die alle betreffen, müssen alle gemeinsam lösen. Dies gilt auch in der globalisierten Welt im Verhältnis der Staaten zueinander.

Die zweite Lösungsmöglichkeit setzt auf individuelles Handeln. Hier gilt: Machen Sie sich selbst von der Allmende nach Möglichkeit unabhängig. Wenn Sie achtsam leben, werden Sie bemerken, wenn der Zusammenbruch der Weide bevorsteht. Sie können sich nun zum Beispiel von der Viehwirtschaft lösen und ein anderes Betätigungsfeld suchen, das Ihnen Autonomie bietet.

Was hat das Beispiel der Viehweide mit unserer modernen Lebenswelt zu tun? Allmendefallen berühren die politische

Dimension von Achtsamkeit. Heute geht es statt um Kuhweiden um öffentliche Güter, Strukturen und Grundwerte. Sie stellen die Basis für das Glück aller dar. Betrachten wir unsere Umwelt oder Vorsorgesysteme wie Rente und Krankenversicherung einmal aus dem Blickwinkel einer Allmende. Hier geht es darum, wie achtsam eine Gemeinschaft mit den Problemen ihrer Zeit umgeht. Wir müssen beispielsweise erkennen: Die Altersversorgung kann in ein bis zwei Jahrzehnten nicht auf dem derzeitigen Niveau bleiben, weil die Zahl der Alten im Verhältnis zu den Jungen zu groß sein wird. Folglich sollte man sich mit kluger Beobachtungsgabe heute schon Alternativen überlegen: in der Gesellschaft, auf politischer Ebene, aber auch im Einzelnen, etwa mit privater Vorsorge. An diesem Beispiel zeigt sich der innere Zusammenhang zwischen Achtsamkeit, Vorausschau und Vorsorge bei den einzelnen Menschen, aber auch in der gesamten Gesellschaft. Schärfen Sie Ihren Blick dafür!

Zwischenstopp

- Welche wichtigen öffentlichen Güter sind Ihrer Meinung nach in der Zukunft gefährdet?
- Unternimmt die Politik aus Ihrer Sicht genug, um den Bestand dieser Güter zu sichern?
- Was können Sie selbst tun, um zum Bestand wichtiger Güter und Grundwerte beizutragen?
- Wo können Sie private Vorsorge treffen?

11. Achtsamkeit für Anerkennung und Selbstvertrauen

(1) Mit Achtsamkeit andere anerkennen

Achtsamkeit bedeutet auch Anerkennung für andere. Sie ist eine Quelle des Selbstvertrauens. Der Mensch ist ein soziales Wesen. Zeit unseres Lebens sind wir aufeinander angewiesen und voneinander abhängig – insbesondere Kinder, Kranke und Ältere. Und jeder Mensch ist auf Unterstützung durch andere angewiesen. Kaum jemand kann auf Dauer allein leben. Untersuchungen mit Waisenkindern haben gezeigt: Wir können ohne menschliche Zuwendung nicht leben.

Kraft und Selbstständigkeit nehmen bei den meisten Menschen im Lauf des Lebens zu. Wir sind immer weniger auf die Hilfe anderer angewiesen. Wir können nun unsererseits andere unterstützen, bevor wir im Alter wieder stärker auf Hilfe von außen angewiesen sind. Aber auch, wenn wir gesund sind und gut leben, sind wir nicht ganz so unabhängig, wie wir manchmal glauben. Wir alle brauchen ein gewisses Maß an Anerkennung – die einen mehr, die anderen weniger. Wir wollen uns bestätigt sehen und von anderen Menschen gemocht werden.

Die Fähigkeit, anderen Anerkennung zu schenken, ist allerdings sehr unterschiedlich verbreitet. Manche Menschen geben gern, andere möchten nur nehmen. Lernen Sie achtsam zu sein und anderen Anerkennung und Respekt entgegenzubringen.

Zwischenstopp

- Wann haben Sie zuletzt einem anderen Menschen Anerkennung geschenkt?
- Wann haben Sie zuletzt jemandem gedankt?
- Woran merkt ein anderer Mensch, dass Sie ihn mögen?

- Wie drücken Sie anderen Menschen gegenüber Ihren Respekt aus?
- Wem verweigern Sie Ihre Anerkennung? Warum?

Halten Sie sich vor Augen: Wir sind soziale Lebewesen. Wir haben ständig mit anderen Menschen zu tun. Wir suchen täglich Anerkennung und Zuwendung, um uns gut zu fühlen und um gesund zu bleiben. Es ist also an jedem einzelnen Menschen, anderen Respekt und Zuwendung zu schenken. Aus der Perspektive der Achtsamkeit begegnen uns hier zwei Lebensfallen: Manche Menschen verweigern jede Anerkennung, andere sind süchtig nach Anerkennung durch ihre Mitmenschen.

(2) Anerkennungsverweigerung

Manche Menschen schenken niemals Anerkennung. Das kann ihre Umgebung regelrecht zermürben. Die Opfer solcher Menschen fühlen sich innerlich vernichtet, jedenfalls dann, wenn andere Macht über sie haben. So mancher drückt durch sein Verhalten eine grundlegende Missachtung seiner Umgebung aus, und das nicht immer laut und grob. Manchmal fällt eine Gemeinheit nach außen hin gar nicht auf. Manche Menschen verteilen ihre Aufmerksamkeit und Achtung in kleinen Dosierungen. Sie hören anderen absichtlich nicht zu. Damit senden sie das Signal: »Ich interessiere mich nicht für dich. Ich bin nicht erreichbar für dich. Du bist nicht wichtig.«

Solche Situationen gibt es in Familien, aber auch in der Arbeitswelt. Manche Personen schenken nur gleichrangigen oder höherstehenden Personen überhaupt Aufmerksamkeit. Rangniedrigere überhören sie stattdessen. Oder sie hören erst zu, unterbrechen ihr Gegenüber mitten in der Rede und sprechen dann über etwas ganz anderes.

Man kann nicht jeden Menschen lieben. Achtsam und respektvoll können wir aber mit allen umgehen. Achtsamkeit bedeutet:

Erkennen Sie andere an und ermutigen Sie sie dort, wo die Menschen es verdienen. Seien Sie bereit, anderen Menschen aufmerksam zuzuhören. Gehen Sie besonders aufmerksam mit Menschen um, die Ihnen nahe stehen: mit Familienmitgliedern, Kollegen und Freunden.

Die Anerkennung von Leistung spielt oft eine äußerst große Rolle. Wir können unseren Mitmenschen Akzeptanz und Sympathie entgegenbringen, indem wir auch weniger herausragende Leistungen anerkennen. Ermutigung tut in jedem Alter gut!

Wir erleben Menschen, die kein Interesse an anderen zeigen, häufig als kühl. Womöglich erscheinen Sie uns boshaft oder sadistisch. Wir vertrauen ihnen nicht, stattdessen fürchten wir sie. Manche dieser Menschen halten ihre Kälte für Überlegenheit. Freundlichkeit und Warmherzigkeit werden von ihnen als Zeichen von Schwäche missachtet.

Man findet solche Persönlichkeiten überall. Besonders in hierarchischen Systemen gilt es oft noch immer als schnittig, anderen die Anerkennung zu verweigern – frei nach der Devise: Nicht getadelt zu werden ist Lob genug. Die Menschen werden für solche Verhaltensweisen zum Teil immer noch honoriert. Das Leitbild des unnahbaren, kühlen und gerade deswegen so treffsicheren Entscheiders existiert weiterhin in vielen Köpfen. Der hohe Stellenwert von Selbstständigkeit und Autonomie in unserer Kultur verstärkt dieses Problem zusätzlich. Wir übersehen dabei leicht, dass wir immer in einer Gruppe von Menschen eingebunden bleiben.

Anerkennungsverweigerer sind häufig sehr statusbewusst. Und sie geizen – nicht nur mit Geld, sondern auch mit Gefühlen wie Zuwendung und Respekt. Geiz macht krank, auch die Menschen in der Umgebung des Geizigen.

Wer Anerkennung verweigert, zerschneidet das unsichtbare menschliche Netz des Austausches. Diese Menschen nehmen gern, aber sie geben in der Regel nichts. Vielleicht könnten sie ohne Weiteres etwas verschenken. Das Tauschverhältnis ist jedoch gestört.

Dann gibt es noch die Menschen des Typs »Ja-Aber«. Sie fügen allem Guten sofort etwas Negatives hinzu. Alles Positive erfährt so umgehend eine Abwertung. Ein Beispiel: Jemand erzählt: »Der neue Kollege ist ein hilfsbereiter und offener Kerl.« Was antwortet er? »Ja, aber er hätte sich ruhig mehr Mühe geben können.« So etwas entwickelt enorme zerstörerische Kraft. Probleme in den Beziehungen zu anderen Menschen sind vorprogrammiert.

(3) Die Fremdbestätigungsfalle

Anerkennung tut allen Menschen gut. Manche Menschen suchen jedoch ununterbrochen nach Bestätigung durch andere. Auch davon können wir abhängig werden. Wir suchen dann ständig nach Lob, um uns als wertvoll zu empfinden. Unser Selbstwertgefühl hängt davon ab. Es gilt: Ich bin nur etwas, wenn ich von anderen anerkannt werde.

Diese Sucht nach Fremdbestätigung kann in allen Lebenslagen auftreten. Sie rührt möglicherweise von Gefühlen mangelnder Anerkennung in früheren Lebensphasen her. Auch Aufsteiger haben oft damit zu tun. Sie gieren geradezu nach Anerkennung, um sich ihrer neuen Zugehörigkeit zu einer anderen sozialen Gruppe zu vergewissern.

Schwierig wird die Situation, wenn wir unsere Handlungsmaßstäbe nach der bloß vermuteten Zustimmung anderer ausrichten: Ich handle, wie es euch gefällt, damit ich von euch die maximale Anerkennung erhalte. Aber wie weit ist man dann noch man selbst?

Jetzt sind Sie abhängig von der Zustimmung anderer. Sie sind mit Anerkennung zu bestechen. Sie tun für Ihre Anerkennung Dinge, die Sie sonst gar nicht in Erwägung ziehen würden. Der Typus des Mitläufers ist eine klassische Figur der anerkennungssüchtigen Persönlichkeit.

Viele Menschen beziehen ihre Anerkennung aus dem Internet und dortigen Gruppen. Das sind nicht nur positive Ichverstärker.

Auch Magersüchtige, Spaßgewalttäter und Perverse verstärken sich hier wechselseitig. Die Attraktivität liegt für diese Menschen in der Fremdbestätigung. Für alle findet sich eine passende Parallelwelt, in der sie anerkannt und beliebt sein können. Abgrenzung und Ichverstärkung, und damit die Überwindung von Selbstzweifeln, die gerade Jugendliche besonders bohrend quälen, gehen hier Hand in Hand. Das kann die Welt außerhalb des Internets mit ihren vielfältigen Anforderungen wie Leistung, Anpassung und emotionale Zuverlässigkeit nicht leisten. Die Kluft zwischen fiktiver Internetwelt und wirklicher Welt wird dadurch immer größer.

Auch Personen im Rampenlicht können in die Falle der Fremdbestätigung gehen. Politiker machen oft trotz ihres fortgeschrittenen Alters oder erheblicher Gesundheitsschäden weiter, weil sie nicht auf die Anerkennung verzichten wollen. Ferienzeiten und Feiertage sind für sie besonders kritisch. Wenn der Pressetrubel und der politische Betrieb ruhen, gerät ihr Ich in ein emotionales Loch. Hektische Aktivitäten (»Ich brauche dringend die Presseauswertung von heute«) spenden ein wenig Trost.

Die Fremdbestätigungsfalle existiert auch zwischen Partner und Partnerin. Viele Menschen erwarten: Mein Partner bestätigt mich jederzeit und ist immer für mich da. Manche geben so die Verantwortung für sich selbst ab und suchen Selbstvertrauen durch den Partner. Selbst der Sinn des eigenen Lebens hängt dann von dem anderen ab. Nun ist er für das ganze Glück verantwortlich.

Zwischenstopp

- Auf wessen Bestätigung legen Sie besonderen Wert?
- In welche dieser Fallen sind Sie bereits gegangen?
- Wie verhalten Sie sich, wenn die erhoffte Bestätigung ausbleibt?
- Passen Sie Ihr Verhalten zu stark an, um zu gefallen?
- Wie sieht die Situation bei Ihren Mitmenschen aus?

Achten Sie auf sich selbst: Wer sind Sie? Sind Sie nur die Summe der zustimmenden Meinungen anderer? Gewiss erfahren wir uns auch im Spiegel der anderen. Wenn dieser Selbstwert aber ausschließlich aufgrund der Bewertungen durch andere entsteht, sitzen wir in der Fremdbestätigungsfalle.

(4) Woraus beziehen Sie Ihr Selbstvertrauen?

Anerkennungsverweigerer und Fremdbestätigungssüchtige haben einiges gemeinsam. Ihr Selbstvertrauen ist schwach. Beide Verhaltensweisen sind als Quelle für ein stabiles Selbstvertrauen ungeeignet.

Zwischenstopp

- Woraus beziehen Sie Ihr Selbstvertrauen?
- Was sind Ihre wichtigsten Quellen?
- Was macht Sie stark?
- Woher kommt Ihre Lebensenergie?

Es ist zwar bequemer, die Lösung dieser Aufgabe anderen zu überlassen. Aber Achtsamkeit ist eine Schlüsselqualifikation, die uns daran erinnert: Wir müssen diese Fragen täglich für uns beantworten. Richten wir also ganz gezielt unsere Aufmerksamkeit darauf. Halten wir uns vor Augen: Andere Menschen können uns die Antwort auf unsere Fragen nicht dauerhaft geben. Wir müssen uns selbst damit beschäftigen.

III. Teil:
Trainieren Sie Ihre Achtsamkeit

12. Haben Sie Selbstachtung?

(1) Achtsamkeit setzt Selbstachtung voraus

Lernen Sie Achtsamkeit für sich selbst. Diese Fähigkeit kommt als höchstpersönliche menschliche Qualität aus Ihrem Inneren. Gesellschaftliche Systeme, Unternehmen, Vereine, politische Parteien, Institutionen und Organisationen können zwar versagen, aber nicht achtsam sein.

Wir nehmen bei anderen ziemlich genau wahr: Geht dieser Mensch achtsam oder achtlos durchs Leben? Verhält sich ein Mensch unberührt von Gefühlen, von räumlichen und zeitlichen Lebensbedingungen? Geht er unabhängig von Bindungen an andere Menschen und unbeeinflusst von äußeren Ereignissen seinen Weg? Oder bekommt dieser Mensch etwas mit von sich selbst, von den anderen und von der Welt? Reagiert er auf die Welt rundum?

Achtsame Menschen verhalten sich offen. Sie können Kontakt halten und mit sich selbst, mit anderen und mit der Welt kommunizieren. Ihr Leben ist durch ein offenes Tauschverhältnis geprägt. Sie können geben und nehmen.

(2) Achtsamkeit für unseren Wert

Manche Menschen achten vor allem darauf, störungsfrei zu funktionieren. Max Weber hat sie »Fachmenschen ohne Geist, Genussmenschen ohne Herz« genannt. Sie können aber auch zu Vollstreckern der hierarchischen und bürokratischen Systeme werden. Dort zählt häufig allein der Funktionswert eines Menschen, sein Nutzen für das System.

Wir können unsere berufliche Tätigkeit mit einem hohen Grad an Achtsamkeit ausüben. Die Arbeitswelt kann jedoch oft einseitig und eng sein, insbesondere wenn wir sie mit den unendlichen Varianten des Lebens vergleichen.

Betrachten wir ausschließlich die Funktion eines Menschen, geschieht dies von außen. Achtsamkeit ist dagegen höchst subjektiv. Ihr geht es um mehr als die Erfüllung einer Funktion. Körperliche, seelische und geistige Befindlichkeiten spielen eine Rolle, ebenso moralische Sichtweisen, Einfühlungsvermögen und die eigenen Werte.

Die Situation wird entschärft, wenn wir unsere Achtsamkeit an anderer Stelle als im Arbeitsleben ausleben können. Fähigkeiten wie Kreativität und Intelligenz stehen uns jedoch begrenzt zur Verfügung. Die Formel ist simpel: Je mehr wir davon in Funktionen wie im Beruf investieren müssen, desto weniger bleibt uns für andere Bereiche des Lebens übrig. Somit mangelt es dort an Achtsamkeit.

Achtsamkeit setzt Wertschätzung für sich selbst und für andere voraus. Achtsamkeit und Achtung gehören zusammen. In der Selbstachtung zeigt sich: Was halten wir von uns selbst? Gerade da, wo andere uns über unsere Funktion definieren, kommt unserer Selbstachtung zentrale Bedeutung für unser Selbstwertgefühl zu.

Das hat nichts mit Leistungsfeindlichkeit zu tun. Unsere Leistung kann immer auch eine Quelle für unsere Selbstachtung sein. Was aber geschieht, wenn wir uns selbst nur über unsere fachlichen Leistungen und unseren funktionellen Wert in der Gesellschaft definieren (siehe 5. Kapitel)? Selbstachtung entwickeln wir vor allem dann, wenn wir viele üppig sprudelnde Quellen für unser Selbstwertgefühl anzapfen können.

(3) Unser Verhältnis zu uns selbst und zu anderen

Selbstachtung beeinflusst unseren Umgang mit anderen Menschen. Nur wer sich selbst schätzt, kann anderen Wertschätzung entgegenbringen.

Der Schlüssel zur Welt und zu anderen Menschen liegt in uns selbst. Es geht nicht darum, die anderen Menschen so zu verändern, dass sie zu uns passen. Wir alle haben erfreuliche und weniger erfreuliche Seiten. Das christliche Liebesgebot setzt an diesem Punkt gleichermaßen an wie die goldene Regel »Was du nicht willst, das man dir tu, das füg auch keinem andern zu«.

Ein positives Verhältnis zu sich selbst zu entwickeln, ist nicht einfach. Wenn wir uns selbst aber nur positiv sehen wollen, werden die Dinge kompliziert. Respekt gegenüber sich selbst bedeutet beides: dass wir unsere dunklen Seiten anerkennen und lernen, aus den hellen Seiten heraus zu leben. Gehen Sie achtsam mit allen Ihren Seiten um. Selbstachtung erlangen Sie, indem Sie Ihre hellen *und* Ihre dunklen Seiten erkennen. Lernen Sie, diese Seiten zu unterscheiden.

(4) Selbsterkenntnis mit mehr Achtsamkeit. Eine Übung

Mit der folgenden Übung können Sie sich orientieren: Wo stehe ich? Wie sehr achte ich mich selbst? So gehen Sie am besten vor:

1. Schritt: Lesen Sie jeden der folgenden Leitbegriffe. Notieren Sie, was Ihnen in Bezug auf Ihre Person zu diesem Thema einfällt.

2. Schritt: Lesen Sie die beispielhaften Aussagen zu diesem Thema. In manchen findet sich ein Verhalten der Achtlosigkeit, in anderen eine Haltung der Selbstachtung. Finden Sie nun heraus: Trifft eine der Haltungen auf Sie zu?

Manchmal werden Sie sich in beiden Haltungen wiederfinden. Diese Ambivalenz liegt in uns selbst begründet. Sie sagt uns etwas über unsere Möglichkeiten – im Guten wie im Schlechten.

Angst und Angstbewältigung

- Ich kenne meine Ängste nicht genau.
- Ich will meine Ängste nicht kennen. Ich rühre lieber nicht daran und möchte auch nicht mit anderen darüber reden.
- Bereits die Möglichkeit von Angst macht mir Angst.
- Ich überlasse mich häufig meinen Ängsten.
- Man kann ja doch nichts gegen seine Ängste tun.

oder

- Meine Ängste lähmen mich nicht.
- Ich kann mit meinen Ängsten umgehen.
- Ich erkenne in manchen Ängsten eine Herausforderung, etwas in meinem Leben zu ändern.
- Ich packe meine Ängste aktiv an, wenn das möglich ist.
- Wenn ich nichts ändern kann, schaue ich der Angst ins Auge und werfe sie ab.

Bezug zur Wirklichkeit

- Ich weiß genau, wie die Welt funktioniert.
- Die anderen können mir nichts vormachen.
- Meine Fehler, Schwächen und Mängel interessieren mich nicht.
- Ich mache keine Fehler.
- Wieso sollte ich mich ändern?

oder

- Ich kenne meine Schwächen und Grenzen, aber auch meine Stärken.
- Glück ist nie von Dauer. Das macht aber nichts.
- Ich werde nicht jedes Problem lösen können.
- Ich kann andere nicht ändern.
- Nur mich selbst kann ich ein wenig ändern.

Misstrauen oder Vertrauen?

- Andere Menschen sind nicht ehrlich.
- Niemand verdient mein Vertrauen.
- Nur Dumme vertrauen anderen Menschen.
- Ich nehme niemals Hilfe von anderen Menschen an.
- Wer lacht, macht sich verdächtig.

oder

- Ich vertraue denen, die mir nah sind.
- Ich vertraue mir selbst.
- Ich vertraue Gott oder einer höheren Macht.
- Ich bin auch bei großen Erschütterungen in meinem Leben sicher: Es wird einen guten Weg geben.

Freiheit oder Selbstbeschränkung?

- Das Wichtigste in meinem Leben bin ich selbst.
- Andere Menschen sind dazu da, damit ich mich gut fühle.
- Ich will meine Ziele durchsetzen.
- Wenn ich hasserfüllt bin, ist das nicht mein Problem.
- Ich kontrolliere meine Wut nicht. Warum auch?

oder

- Wenn ich merke, dass ich wütend werde, ziehe ich mich erst einmal zurück.
- Ich zeige meine Wut. Ich bemühe mich jedoch, dass sie nicht eskaliert.
- Meine Fehler muss ich selbst reparieren.
- Ich habe die Fähigkeit, Fehler wiedergutzumachen
- Wenn ich Fehler mache, kann ich mich entschuldigen.

Manipulation oder Ehrlichkeit?

- Ich manipuliere das Weltbild und die Gefühle anderer, wenn es mir nützt.
- Ich nehme es mit der Wahrheit nicht so genau. Mein Erfolg zählt.
- Es fühlt sich gut an, stärker zu sein als andere und diese Stärke einzusetzen.
- Manchmal macht es Spaß, andere schlechtzumachen.

oder

- Ehrlichkeit ist mir stets sehr wichtig.
- Ich lehne Falschspielerei ab.
- Bewusste Manipulationstechniken sind nicht mein Ding.
- Wenn ich einen Fehler mache, stehe ich dazu.

Kontrolle oder Loslassen?

- Ohne mich läuft nichts.
- Ich muss alles im Griff haben.
- Ich will meine Umgebung beherrschen.
- Ich achte darauf, immer das letzte Wort zu haben.

oder

- Ich habe in Wahrheit nur wenig unter Kontrolle.
- Gelegentlich kann ich Kontrolle abgeben.
- Man muss die Dinge manchmal einfach geschehen lassen.
- Die besten Dinge im Leben geschehen, wenn ich nicht versuche, sie zu kontrollieren.

Zeit haben oder Ungeduld?

- Ich habe keine Zeit.
- Hauptsache effizient und effektiv.
- Ich will alles sofort: Ich kann meine Befriedigung nicht aufschieben und schon gar nicht darauf verzichten.
- Ich kann anderen nicht die Zeit lassen, die sie für sich brauchen.
- Ich dränge ständig nach vorn und treibe andere an.

oder

- »Hauptsache schnell erledigt« ist meist nicht der richtige Weg.
- Ich nehme mir für wichtige Dinge Zeit.
- Ich lasse anderen die Zeit, die sie brauchen.
- Mit etwas Ruhe gelingen die Dinge oft besser.

Haben Sie Respekt vor sich selbst?

- Ich mag mich nicht und fühle mich wertlos.
- Ich wüsste nicht, worauf ich stolz sein könnte.
- Es ist mir egal, was ich tue.
- Auch erwarte ich nicht viel von mir.
- Ich tue Dinge, die ich eigentlich nicht tun will.

oder

- Ich mag mich selbst gut leiden.
- Auf das, was ich erreicht habe, kann ich stolz sein.
- Ich habe Vertrauen zu mir.
- Ich nehme meine Gefühle, meine Nöte und Bedürfnisse ernst.
- Ich weiß, was mir guttut. Von Zeit zu Zeit nehme ich es mir.

Zurückweisung oder glückliche Beziehungen?

- Mir ist gleichgültig, was andere von mir erwarten.
- Es ist mir unangenehm, wenn andere Menschen mir nahe kommen.
- Es ist riskant und anstrengend, zu lieben. Man wird nur enttäuscht.
- Ich will vor allem meine Ruhe.

oder

- Ich lege Wert auf die Einschätzung anderer.
- Man sollte seinen Mitmenschen Anerkennung spenden.
- Ich kann mich zurücknehmen.
- Zu den Problemen anderer äußere ich mich nicht.

Gemeinschaft mit anderen

- Ich brauche niemand. Wir bleiben sowieso immer einsam.
- Mir liegt nichts am Zusammensein mit anderen Menschen.
- Ich weiß selbst, wo es langgeht.
- Wenn ich allein bin, gerate ich in Panik.

oder

- Gemeinschaft mit anderen bereichert mein Leben.
- Manchmal muss ich allein sein, um einen klaren Kopf zu bekommen.
- Ich bemühe mich zu helfen und nehme Hilfe von anderen gerne an.
- Die Nähe anderer Menschen ist mir in der Regel nicht unangenehm.
- Ich freue mich, wenn andere sich mir öffnen.

Illusionen oder Enttäuschungsfestigkeit

- Ich bin, der ich sein will.
- Ich bin am Ziel angelangt.
- Andere Menschen kann ich ändern.
- Man kann Leid, Angst und Einsamkeit besiegen.
- Es gibt ein dauerhaftes Glück.

oder

- Niemand kann alle Erwartungen erfüllen.
- Ich kann Frustration bis zu einem gewissen Grad ertragen.
- Ablehnung durch andere tut zwar weh, aber ich kann damit umgehen.
- Ich erwarte von anderen nicht zu viel.
- Wenn wichtige Bedürfnisse nicht erfüllt werden, suche ich andere Wege für mein Glück.

Beleidigter Rückzug oder Standhalten?

- Wenn ich die Dinge nicht kontrollieren kann, ziehe ich mich zurück.
- Ich verweigere jede Anerkennung, meine Mitarbeit und jegliches Engagement.
- Sollen die anderen sehen, wie sie damit zurechtkommen.
- Ich verneine, also bin ich.

oder

- Wenn ich von einer Sache überzeugt bin, setze ich mich dafür ein.
- Wenn ich Kritik erfahre, versuche ich, mich dieser zu stellen.
- Ich frage nach: Wie meinst du das?
- Ich frage, was ich verbessern kann.

Fremdbestätigung oder Selbstvertrauen?

- Ich achte immer darauf, dass ich alles richtig mache. Ich suche dafür Bestätigung von außen.
- Ich blühe richtig auf, wenn jemand mich lobt.
- Ich bin, was ich habe. Ich bin meine Erfolge.
- Hast du nichts, bist du nichts! Ich will finanziell ganz nach oben.
- Ich nehme andere Menschen für meine Bedürfnisse in Anspruch. Ich erwarte, dass sie darauf sofort eingehen.

oder

- Ich bin für mein Leben und meine Ziele selbst verantwortlich.
- Ich weiß auch, wofür ich nicht verantwortlich bin. Wenn sich jemand mir gegenüber blöd benimmt, liegt das nicht immer an mir.
- Ich freue mich über das, was ich bin, was ich kann und was ich habe.
- Es stört mich nicht, wenn andere mehr haben als ich.
- Ich empfinde tiefe Dankbarkeit für die Gaben meines Lebens.

Bequemlichkeit oder Mut zum Risiko?

- Glück darf keine Mühe kosten.
- Mein Leben muss bequem sein.
- Nur keinen Stress. Lasst mich in Ruhe!
- Sicherheit ist das Wichtigste.
- Ich überschreite nie meine Grenzen. Ich sehe keinen Sinn darin.

oder

- Sicherheit ist nicht alles. Ich will auch Neues wagen.
- Die Wiederholung des immer Gleichen macht das Leben langweilig.
- Ich bin bereit, gewisse Risiken einzugehen.

- Wenn ich etwas für richtig halte, nehme ich dafür auch Nachteile in Kauf.
- Ich kann kämpfen und ich kann gewinnen, wenn auch nicht immer.

Verschlossenheit oder Neugier?

- Keiner kommt an mein Inneres heran. Mir kann nichts passieren.
- Ich sage nie, was ich will.
- Ich höre nicht zu, und ich sehe nicht so genau hin.
- Ich will das alles gar nicht wissen.
- Ich sage immer, was ich denke und fühle, auch unaufgefordert.

oder

- Ich interessiere mich für andere Menschen und für neue Erfahrungen.
- Es liegt noch viel vor mir, und ich freue mich darauf.
- Ich höre zu und sehe genau hin.
- Man muss manche Lösungen an anderen Stellen suchen als bisher.
- Ich wage mich auch in unbekannte Regionen vor.

Haltlos oder zielsicher?

- Ich weiß nicht, wer ich bin.
- Ich weiß nicht, wohin ich will.
- Ich weiß nicht, was mir wirklich guttut.
- Ich nehme, was ich bekomme.

oder

- Ich weiß, wohin ich im Leben möchte und wohin nicht.
- Ich arbeite aktiv an meinen Zielen.
- Ich kann mit Schwierigkeiten und Herausforderungen umgehen.

- Ungelöste Aufgaben sind Herausforderungen. Sie machen das Leben interessant.
- Ich habe klare Überzeugungen und Werte.

Mangel oder Liebe?

- Ich bin mit meinem Leben unzufrieden.
- Ich habe nicht genug …
- Geld, Sex, Erfolg, Liebe, Freunde, Freiheit …
- Ich beneide andere um das, was sie haben.
- Ich nehme meist sehr deutlich wahr, was ich nicht habe.

oder

- Ich liebe das Leben.
- Ich bin glücklich über das, was ich habe.
- Einige Menschen habe ich sehr gern.
- Ich weiß, dass es Menschen gibt, die mich lieben.

Lachen, Freude, Begeisterung

- Wer viel lacht, ist kindisch und suspekt.
- Große Freude schadet nur.
- Ich kontrolliere meine Begeisterung jederzeit.
- Mir geht es mehr um Erfolg und meine Pflicht.

oder

- Ich kann mich für Menschen und Dinge begeistern.
- Ich kann meine Freude zeigen und andere begeistern.
- Ich lache gerne, aber ich lache andere nicht aus.
- Mir macht es Spaß, auch mal kindisch und albern zu sein.

(5) Achtsamkeit für unsere Lebensthemen

Jeder Mensch wird es irgendwann bemerken: Bestimmte Themen beherrschen uns mehr als andere. Haben wir Achtung vor uns selbst, werden wir uns mit diesen Lebensthemen auseinandersetzen. Fehlt uns die nötige Achtsamkeit dafür, so flüchten wir gern vor ihnen – und verdrängen die Herausforderungen auf diese Weise. Lebensthemen lassen sich aber nicht auf Dauer verdrängen. Niemand kann wirklich vor ihnen fliehen. Sie holen uns immer wieder aufs Neue ein.

Lebensthemen sind ungelöste persönliche Entwicklungsaufgaben. Sie bestimmen unser Leben, auch wenn sie mit der aktuellen Situation oft nicht viel zu tun haben. Sie treten einmal stärker in den Vordergrund, dann vergessen wir sie für eine Weile. Doch sie melden sich auf jeden Fall immer wieder.

Diese Lebensthemen können Kraftfelder sein, aber sie vermögen uns auch zu hindern. Die dunklen Seiten unserer Persönlichkeit weisen uns auf unbewältigte Lebensthemen hin, die in erster Linie nur uns selbst etwas angehen. Mit der rechten Achtsamkeit nehmen wir diese Themen wahr, um sie zu lösen.

Viele Lebensthemen ahnen wir zumindest. Die Bereiche aus dem vorangegangenen Test können Ihnen Hinweise auf Ihre Lebensthemen und Lebensfallen geben. Erkunden Sie nun weiter: Beschäftigen Sie sich schon sehr lange mit bestimmten Themen? Welche Situationen aus Ihrem Leben fallen Ihnen dazu ein? Wenn die Antworten üppig ausfallen, sind Sie wahrscheinlich einem echten Lebensthema auf der Spur.

Überprüfen Sie in diesem Zusammenhang Ihre Ziele und Werte. Welche haben Sie zu wenig beachtet? Welche passen nicht mehr zu Ihnen? Zur Verdeutlichung einige Beispiele:

Der Kreislauf aus Macht und Ohnmacht

Bei diesem Lebensthema wollen wir die totale Kontrolle haben, oder wir ziehen uns beleidigt zurück. Betroffene haben gern alles im Griff. Sie wollen andere Menschen beherrschen. Verlieren sie doch einmal die Kontrolle, ziehen sie sich zurück – und sei es in eine Ohnmacht oder in sonstige geistig-körperliche Blockaden. Der Kreislauf wiederholt sich unermüdlich und in unterschiedlichen Ausgangssituationen.

Kommt Ihnen das bekannt vor? Dann lautet Ihre Entwicklungsaufgabe:

- Wie können Sie diesen Kreislauf am besten verlassen?
- Wie finden Sie eine angemessene Position, die Ihren Möglichkeiten Rechnung trägt und Sie gleichzeitig nicht überfordert?

Der Wunsch nach Verschmelzung

Halten Sie sich vor Augen: Herrscht totale Nähe in einer Beziehungen, hemmt das schnell Ihre Entwicklungsmöglichkeiten. Sie müssen ständig nach dem kleinsten gemeinsamen Nenner fahnden, um Ihren Partner nicht zu vergrämen. Das führt bestenfalls zu miefiger Harmonie. Im schlimmsten Fall befinden Sie sich in einem emotionalen Gefangenenlager. Dies passiert leicht in längeren Beziehungen.

Erkennen Sie sich in dieser Falle? Dann lautet Ihre Entwicklungsaufgabe:

- Wie können Sie und Ihr Partner wachsen?
- Auf welche Weise vermeiden Sie dabei Schmerzen des anderen?

Der Wunsch nach Erfolg und Bestätigung von außen

Manche Menschen stärken ihr Ego und ihr Selbstwertgefühl ausschließlich mit dem Lob anderer. Sie suchen nach Anerkennung durch den Partner oder durch ihre Vorgesetzten und Kunden. Sie fühlen sich umso besser, je mehr Erfolg sie vorweisen können. Beachten Sie: Ein solches Verhalten macht abhängig von diesen externen Quellen der Anerkennung. Sprudelt die Quelle einmal nicht, verdurstet das Ego.

Dieses Thema kommen Ihnen bekannt vor? Ihre Entwicklungsaufgabe sieht dann in etwa so aus:

- Welches sind die Quellen, aus denen Sie Kraft für Ihr Selbstwertgefühl schöpfen können?
- In welchen Situationen fühlt sich Ihre Persönlichkeit am wohlsten?
- Lernen Sie, sich selbst zu schätzen und Ihren Talenten Respekt entgegenzubringen!

Die Sehnsucht nach Sicherheit

Kennen Sie das? Sie möchten Ihr Inneres am liebsten gänzlich vor anderen verschließen. Sie möchten keinem anderen Menschen vertrauen. Nur so fühlen Sie sich sicher vor einem möglichen Schaden durch Personen in Ihrem Umfeld. Auf diese Weise kann niemand Sie verletzen. Sie bleiben abgeschottet. Was aber ist das Resultat dieser Abschottung? Sie nehmen nur eingeschränkt am Leben teil. Wahrscheinlich verbittern Sie früher oder später. Sie werden sich enttäuscht und einsam fühlen.

Ihre Entwicklungsaufgabe liegt hier auf der Hand:

- Was können Sie ändern, um das Leben an sich heranzulassen?
- Wie gelingt es Ihnen, sich für neue Erfahrungen zu öffnen?
- Gehen Sie ein kontrolliertes Risiko ein. Später können Sie prüfen, ob Sie wirklich verletzt wurden.

13. Trainieren Sie Ihre Wahrnehmungskunst

(1) Achtsamkeit und Routine

Begeben wir uns nun in die Achtsamkeit im alltäglichen Leben. Achtsamkeit ist eine Schlüsselqualifikation. Sie entfaltet ihre Wirkung in allen Bereichen des Lebens. Schärfen Sie Ihre Wahrnehmung in alltäglichen Situationen. Sie werden so leichter herausfinden, was für Sie wichtig ist. Warum ist dies für viele Menschen eine so große Herausforderung? Der Grund dafür ist die Routine in vielen Bereichen unseres täglichen Lebens. Wir fühlen uns vom Alltag regelrecht eingeschläfert. Wir folgen der Macht der Gewohnheit – und bemerken es kaum mehr. Wir tun das, was wir gestern getan haben, auch heute auf die gleiche Weise. Wir denken gar nicht darüber nach, oft nehmen wir dies nicht einmal wahr. Unser Leben lebt sich wie von selbst. Und das ist zunächst erst einmal gut so. Andernfalls müssten wir über jeden Schritt nachdenken – wie anstrengend wäre so etwas? Routine entlastet uns, sie nimmt uns Entscheidungen ab.

Allein der Straßenverkehr verlangt uns ständig komplizierte und gefährliche Entscheidungen ab. Ohne Routine könnten wir im Straßenverkehr, aber auch in anderen Situationen nur mit großem Kraftaufwand bestehen. Sie bildet sich durch Erfahrungen heraus. Verfestigte Routine erleben wir als mehr oder weniger verbindliche innere Normen. Im Normalfall denken wir nicht darüber nach. Damit erleichtern wir auch anderen das Leben – sie können uns und unser Verhalten berechnen, nicht nur im Straßenverkehr. Veränderungen sollen uns im Normalfall nicht vom gewohnten Verhalten ablenken. Darin liegen die Vorteile der Routine. Doch sie birgt auch das Risiko, uns unachtsam zu machen. Wir sollten deshalb von Zeit zu Zeit unsere Aufmerksamkeit auffrischen.

(2) Kleine Veränderungen bemerken

Große Ereignisse springen uns wie von selbst ins Auge. Sie drängen sich unserem Bewusstsein regelrecht auf. Große Katastrophen etwa ziehen unsere Aufmerksamkeit magisch an. Beobachten Sie das Verhalten bei einem Unfall auf der Autobahn. Passiert man nach einem endlosen Stau die eigentliche Unfallstelle, stellt man fest: Der Unfall ist auf der Gegenspur geschehen. Der Stau ist entstanden, weil alle während des Schauens ihr Tempo verlangsamt haben.

Das Gleiche gilt auch für andere Lebenslagen. Wenn im Nachbargarten ein großer Baum gefällt wurde, bemerken Sie das sicherlich sofort – der Lichteinfall in Ihrer Wohnung hat sich verändert.

Anders sieht es mit den kleinen Veränderungen aus. Unser Sinnesapparat ist auf kleine Veränderungen nicht sonderlich gut programmiert. Schleichende Veränderungen nehmen wir zunächst gar nicht wahr. Sie fallen uns oft erst auf, wenn es zu spät ist. Das ist zum Beispiel bei den Veränderungen des Klimas und der Umwelt der Fall. Auch Krankheiten bleiben oft lange unbemerkt – man hat sich zunächst nur wenig schlechter gefühlt als sonst.

Wir Menschen halten lieber an der Kontinuität des Alltäglichen fest. Wir tun das selbst dann, wenn wir ganz leichte Veränderungen an unserem Körper oder in unserer Beziehung bemerken. Wir spüren vielleicht ein schwer zu beschreibendes Unbehagen. Doch lieber wollen wir uns beruhigen – und lassen uns auch von anderen beruhigen.

Ein solches Verhalten kann in Grenzen vernünftig sein. Nicht jede Irritation wächst sich zu einer Katastrophe aus. Wir könnten ohne Vertrauen auf eine Wendung zum Guten nicht friedlich leben.

Wenn Sie Ihre Wahrnehmung üben möchten, müssen Sie sich mit dem beschäftigen, was sich nicht sofort aufdrängt. Beobachten Sie die kleinen Veränderungen in Ihrer Umwelt. Worin weicht jemand von seinem üblichen Verhalten ab?

Wer sich auf besonders starke Reize eingestellt hat, wird feine Veränderungen nur schwer registrieren. Wer an Geschmacksverstärker und viel Salz gewöhnt ist, wird feine Speisen kaum schmecken.

Wer schnelle, laute und grelle Unterhaltung mit hohem Gewaltanteil bevorzugt, wird subtile Hinweise in einem Gespräch nicht mitbekommen. Wer regelmäßig Pornographie konsumiert, wird sich durch dezentere Formen der erotischen Verlockung kaum angezogen fühlen. Starke Reize machen im Alltag nicht unbedingt empfänglich für schwächere Reize.

Zwischenstopp

- Wie gut bemerken Sie kleine Veränderungen?
- Welche schwachen Reize fallen Ihnen im Alltag auf?
- Reagieren Sie auf »schwach« oder »stark«?
- Merken Sie, wenn Ihr Partner sich unwohl fühlt?
- Registrieren Sie, wenn Sie anderen auf die Nerven gehen?
- Woran erkennen Sie, wenn Ihre Kollegen mit Ihnen unzufrieden sind?
- Wie viel Druck von außen benötigen Sie, um Ihr Verhalten zu ändern?

(3) Welcher Wahrnehmungstyp sind Sie?

Stellen Sie sich bitte folgende Situation anschaulich vor: Sie befinden sich auf einem gut besuchten Weihnachtsmarkt. Es ist 18 Uhr. Der Markt ist in festliches Licht getaucht, überall stehen kleine Buden, gut gelaunte Menschen verweilen an den Glühweinständen. Der Duft gegrillter Bratwurst weht durch die kalte Luft. Eine Blasmusikgruppe spielt Weihnachtslieder. Sie fühlen sich wohl und genießen es.

Sie können sich auch ein anderes, für Sie positiv besetztes Panorama mit vielen Menschen ausmalen: Ein Sommerfest in der Fußgängerzone oder »Public Viewing« bei einem Sportevent. Sie sollten sich mit der Situation identifizieren und sich wohl fühlen.

Nun fällt Ihr Blick auf die Seite und Sie bemerken: Etwas abseits, aber gut sichtbar liegt ein Mensch in gekrümmter Haltung auf dem Boden. Die anderen Menschen scheinen diesen Menschen gar nicht wahrzunehmen. Keiner unternimmt etwas. Was fühlen Sie? Wohin leitet Sie Ihr innerer Kompass?

Zwischenstopp

- Das geht mich nichts an. Ich vergesse die Sache sofort.
- Da hat aber einer ordentlich beim Glühwein zugelangt. Ich könnte auch noch einen vertragen.
- Wenn etwas mit dem da nicht stimmt, wird schon jemand etwas unternehmen.
- Die Situation ist mir unangenehm.
- Ich beobachte den Menschen eine Weile.
- Ich gehe hin und spreche ihn an. Gegebenenfalls rufe ich Hilfe.

Die verschiedenen Menschen reagieren in solchen Situationen innerhalb dieses Spektrums. Meist nehmen nur wenige wahr, dass etwas nicht stimmt.

Sie können Ihren Blick auch überprüfen, indem Sie Gemälde mit Massenszenen anschauen. Auch in Kinderbüchern gibt es solche Bilder. Sie sind meist fröhlich gestaltet und voller Leben. Doch an einer Stelle geht meist etwas schief – im Zoo, im Schwimmbad oder beim Wintersport. Das muss keine große Sache sein, aber für den Betroffenen ist es ein kleines Unglück.

Testen Sie Ihr Wahrnehmungsvermögen: Was nehmen Sie zuerst wahr? Registrieren Sie eher den Normalfall? Oder fällt Ihnen jede Abweichung sofort auf? Sehen Sie die gute Laune der Kinder auf dem Spielplatz? Oder sehen Sie zuerst das Kind, dem das Eis auf die Hose gefallen ist und das deswegen heult?

Sie können so erkennen, welcher Wahrnehmungstyp Sie sind: Sehen Sie zuerst, was in Ordnung ist, was funktioniert und was schön ist? Oder sehen Sie jene Dinge, die nicht klappen?

(4) Trainieren Sie Ihre Wahrnehmung

Manche Menschen haben eine niedrigere Wahrnehmungsschwelle als andere. Sie bemerken auch kleine Störungen. Wenn Sie dazu neigen, Details zu übersehen, ist das kein Grund zur Resignation. Sie können Ihre Wahrnehmungsfähigkeit im Alltag leicht durch einige einfache Übungen erweitern. Dabei trainieren Sie, Ihren Blick hin- und herwandern zu lassen: vom Gesamtbild zum Detail und umgekehrt.

1. Sehen und hören Sie genau hin

Schärfen Sie Ihre Sinne für das Detail. Achten Sie auf das, was nicht stimmt. Ob bei Bahnfahrten, im Restaurant, bei der Besprechung oder zu Hause: Gehen Sie mit Ihrer Aufmerksamkeit bewusst ins Detail. Stellen Sie Ihren Blick auf »Zoom«. Beschreiben Sie ein fremdes Gesicht für sich selbst, und zwar so genau wie möglich. Erfassen Sie die genaue Form und den Aufbau eines Gebäudes. Konzentrieren Sie sich auf die Gestalt eines Baumes. Stellen Sie ihn sich mit und ohne Blätter vor. Achten Sie auf die Bewegungen von Tieren oder auf Abläufe im Straßenverkehr. Beachten Sie andere Menschen genau: Was hat mein Partner heute an? Ist etwas an ihm anders als sonst? Gibt es etwas, was meine Aufmerksamkeit verdient? Wie reden meine Kolleginnen am Arbeitsplatz heute? Ist irgendetwas anders als sonst?

Dasselbe tun Sie mit Ihrem Hörsinn. Achtsame Menschen können gut zuhören und ermutigen andere zum Sprechen. Bringen Sie diesen Menschen Interesse entgegen. Fragen Sie manche Dinge behutsam nach. Eine sehr wirksame Methode ist die folgende: Wiederholen Sie den letzten Gedanken des anderen.

Sie können etwa sagen: »Ach so, du meinst also …« Der oder die andere hat dann ein Angebot, zuzustimmen oder abzulehnen und erneut die eigene Sichtweise zu erklären.

Beobachten Sie Reden und Diskussionen, live oder im Fernsehen. Achten Sie dabei einmal nicht auf Inhalte. Konzentrieren Sie sich darauf, auf welche Weise die Leute etwas sagen. Wie stellen sie sich selbst dar? Wie erzeugen sie Zustimmung oder Ablehnung? Achten Sie auf die folgenden nonverbalen Teile eines Gesprächs:

- Sympathiefaktor: Ist der Redner sympathisch und gewinnend oder eher abweisend? Woran merken Sie das?
- Welche körperlichen Mittel haben die Gesprächspartner eingesetzt, um Zustimmung zu erhalten? Halten sie Blickkontakt? Wie hören sich ihre Stimmen an? Wie schnell sprechen sie? Wie viele Pausen machen sie? Wie laut sprechen sie? Welche Gesten vollführen sie?
- Umgang mit Unsicherheit: Sind Redner und Rednerin hilflos, aufgeregt, betont perfekt, oder gehen sie gelassen mit kleinen Schwächen um?
- Kontakt: Hört das Publikum ihnen zu? Beziehen sich beide Seiten aufeinander? Oder wurden Standpunkte nur beziehungslos ausgetauscht?

2. Routine durchbrechen

Schlagen Sie den Normen in Ihrem Alltag ein Schnippchen. Brechen Sie aus Ihren Gewohnheiten aus. Nehmen Sie sich zum Beispiel vor: Ich werde diese Sache heute anders erledigen als üblich. Sie können das bei Kleinigkeiten üben. Weichen Sie wenigstens ein bisschen von Ihrem gewohnten Verhalten ab. Gehen Sie einen anderen Weg als sonst, wenn Sie von der Arbeit nach Hause zurückkehren. Nehmen Sie Umwege in Kauf. Essen Sie etwas, was Sie noch nie gekostet haben. Sprechen Sie mit Ihrem Partner über ein Thema, das Sie sonst nicht beachten.

Probieren Sie etwas Neues beim Sex. Fragen Sie andere nach ihrer Sichtweise der Dinge. Ändern Sie Ihren Arbeitsplatz. Stellen Sie Ihren Schreibtisch um oder dekorieren Sie etwas neu. Verblüffen Sie Ihre Umgebung! Tun Sie Dinge, die Ihnen die Leute nicht zutrauen.

Seien Sie achtsam: Wie fühlen Sie sich dabei? Wie reagieren andere Menschen in Ihrer Umgebung? Nehmen Sie sich einen gewissen Zeitraum vor und machen Sie täglich etwas anders als üblich.

3. Lassen Sie Ihr Gehirn für sich arbeiten

Unser Gehirn arbeitet auch, während wir schlafen. Nützen Sie diesen Umstand. Es funktioniert ganz einfach: Erteilen Sie sich kurz vor dem Einschlafen einen klaren Auftrag. »Ich werde morgen besonders auf … achten«. Setzen Sie hier ein, was Ihnen morgen besonders wichtig sein soll. Halten Sie sich diesen inneren Auftrag eine Weile intensiv vor Augen und wiederholen sie ihn mehrmals. Beenden Sie diesen Vorgang mit dem Satz: »Ich nehme den Auftrag an.« Anschließend können Sie die Angelegenheit getrost vergessen.

Sie können diese Vorgangsweise auch bei fachlichen Herausforderungen in Ihrem Beruf anwenden oder wenn Sie bei einer schwierigen privaten Entscheidung nicht weiterkommen. Führen Sie sich die Sache vor dem Einschlafen vor Augen und beauftragen Sie sich selbst mit dem Satz: »Ich werde die Lösung morgen wissen«. Ihre Steuerungszentrale erledigt den Rest. Das klappt nicht immer, aber erstaunlich häufig.

4. Spielen Sie Ihre eigene Retrospektive

Unser Kopf speichert unseren Lebensablauf ähnlich wie einen Film. Manches verschwindet im Archiv und man muss es später mühsam suchen. Anderes gerät ganz in Vergessenheit. Ganz frische Bilder sind in der Regel leicht verfügbar. Machen Sie sich dies zunutze. Lassen Sie den Film in Ihrem Kopf, auf dem die letzten Stunden Ihres Lebens aufgezeichnet sind, möglichst genau vor Ihrem geistigen Auge ablaufen. Es kommt dabei nicht auf besondere Ereignisse an. Wählen Sie eine Alltagsszene. Schließen Sie die Augen, atmen Sie dreimal tief durch. Dann beginnen Sie mit Ihrer Retrospektive. Sie könnte etwa so aussehen:

»Der Radiowecker klingelte um 6 Uhr 15. Ich hörte das Lied …«

Achten Sie dabei auch auf ihre Gefühle.

Wie fühlte sich das Wachwerden heute an? War es wie immer, frei nach dem Film »Und täglich grüßt das Murmeltier«? War etwas anders? Waren Ihre Gefühle eindeutig? Fühlten Sie sich eher positiv oder eher negativ?

Achten Sie besonders auf Ideen und Assoziationen, die während des Ansehens auftauchen. Manchmal tauchen Verknüpfungen zu anderen Geschehnissen im Kopf auf. Diese können Ihnen viel über sich selbst und Ihre Mitmenschen verraten. Was hat die inneren Stimmen ausgelöst? Waren es starke oder schwache Reize?

Nehmen Sie sich unbedingt Zeit für diese Übung. Sie werden feststellen: Ich habe viel mehr wahrgenommen, als ich dachte! Wiederholen Sie die Übung von Zeit zu Zeit. Trainieren Sie, dabei auf Ihre begleitenden Empfindungen, Gedanken und inneren Kommentare zu achten sowie auf Verbindungen zu anderen Erlebnissen.

Sie werden überrascht sein, wie viel sich in Ihrem Inneren abspielt! Dabei dachten Sie, Sie hätten einfach nur ein bisschen Alltag hinter sich gebracht. Sie werden erstaunlich viel Innenleben entdecken. Durch mehr Achtsamkeit erfahren sie: Wir langweilen uns nur, wenn wir nicht genau hinschauen.

Wenn Sie Ihre Achtsamkeit zum Wachsen anregen möchten, wiederholen Sie diese Übung zu festgelegten Zeiten über einen Zeitraum von mehreren Tagen oder Wochen. Sie können die Übung perfektionieren und ein kurzes Stichwortprotokoll zu Ihrem inneren Film führen.

Achten Sie dabei immer auf sich selbst: Was haben Sie gemacht? Wie haben Sie es gemacht Wie sind Sie anderen begegnet? Was haben Sie gedacht und gefühlt? So erkennen Sie mehr und mehr, was Ihnen wichtig ist und woraus Sie Ihre Lebensenergie beziehen.

Die Glücksforschung hat die Bedeutung solcher Übungen bereits erkannt[1]. Auch wenn es in erster Linie nicht um eine verbesserte Glücksbilanz geht – Sie werden eine Entdeckung machen: Viel Interessantes passiert ständig! Fühlen Sie sich davon bereichert! Genießen Sie das! Sie werden sich mit Sicherheit wacher und lebendiger fühlen.

5. Tageswertung vergeben

Mit dem »Film im Kopf« eng verwandt ist die Abgabe einer Tageswertung. Machen Sie es sich zur Gewohnheit, am Ende eines Tages oder am nächsten Tag eine kurze Tageswertung abzugeben. Lassen Sie Ihren Tag Revue passieren: Was war gut? Was war weniger gut? Wer hat mir besondere Beachtung geschenkt? Wen habe ich in besonderer Weise beachtet? Halten Sie beides gegeneinander und ziehen Sie Bilanz: Wie war Ihr Tag in der Summe? Vergeben Sie dann ihre Gesamtnote für den Tag – auf einer Skala von 1 (sehr gut) bis 6 (ungenügend). Setzen Sie dieses Verfahren über einen längeren Zeitraum fort.

1 Aus der Fülle der Literatur greife ich folgenden Titel heraus: Martin E. P. Seligman: Der Glücks-Faktor. Warum Optimisten länger leben, 3. Aufl. 2007.

Sie werden merken: Sie vergeben Ihre Gesamtnoten mit immer größerer Sicherheit. Ein Tag ist selten eindimensional und damit nur schlecht. Er besteht häufig aus weniger schönen und sehr schönen Erlebnissen. Sie haben vielleicht zunächst nicht alles so intensiv wahrgenommen. Vielleicht werden Sie erleben, dass Sie Ihre erste Spontanbewertung für den Tag nach oben korrigieren. »Der Tag war besser, als er sich zunächst angefühlt hat.«

Notieren Sie Ihre Tageswertungen. Beobachten Sie: Wie entwickelt sich Ihre Kurve über einen längeren Zeitraum hinweg? Sind Ihre Tageswertungen konstant? Gibt es starke Schwankungen? Zeigt Ihre Kurve nach unten? Oder gibt es eine Tendenz nach oben?

14. Aktivieren Sie Ihre Achtsamkeit im Alltag

(1) Achtsamkeit für sich selbst

Wie können wir unsere Achtsamkeit nun für den Alltag aktivieren? Worauf soll sich diese Fähigkeit eigentlich von Tag zu Tag richten?

Erfolgreiche Persönlichkeiten wissen, wann es darauf ankommt, hellwach zu sein. Konzentration, Motivation und Begeisterung haben hier ihren Ursprung. Wer in diesem Sinne achtsam ist, kann auch andere motivieren und begeistern. Entfalten Sie alle Sinne voll und ganz auf sich, auf andere Menschen und auf die Sache.

Unsere Achtsamkeit kann sich nie auf alles gleichzeitig richten. Wir wären überfordert, sollten wir viele Gegenstände und Menschen mit gleicher Intensität wahrnehmen. Wir treffen daher immer eine Auswahl. Wir entscheiden ständig, worauf sich unsere Achtsamkeit richten soll – bewusst oder unbewusst. Damit gilt aber auch: Entscheiden wir uns für eine Sache oder einen Menschen, so lassen wir gleichzeitig vieles andere links liegen.

Der Entschluss »Ich will jetzt einmal ganz achtsam sein« funktioniert nicht. Solche direkten, aber sehr allgemeinen Appelle gehen häufig ins Leere. Sie haben keine Richtung. Wie sollen sie uns da dauerhaft motivieren? Achtsamkeit entzieht sich zudem unserem direkten Zugriff.

Um Achtsamkeit zu aktivieren, bedarf es der Umwege über Hilfsmittel. Techniken wie Meditation, Autogenes Training und Yoga können hilfreich sein. Sie alle zielen auf mehr als Entspannung. Wir können auf diese Weise innerlich ruhig werden und dadurch unsere Achtsamkeit schärfen und in Gang bringen. Wenn wir die Dinge mit einer gewissen inneren Distanz betrachten können, haben wir bereits viel gewonnen. Vieles, was vorher verworren erschien, stellt sich nun eindeutiger dar.

Wie aber finden wir die richtige Richtung für unsere Achtsamkeit?

Eine traditionelle Methode, die hier weiter zielt, ist das Gebet, genauer gesagt das Gespräch mit Gott. Gebete können uns helfen, die Achtsamkeit zu aktivieren und uns die richtige Richtung für sie zu zeigen. Wir können Gott um die richtige Richtung für unsere Achtsamkeit bitten.

Für die Richtungsfrage entscheidend sind unsere persönlichen Werte. Zu einer gut entwickelten Achtsamkeit gehört es, den Menschen zu misstrauen, die uns den einzig wahren Weg zu Achtsamkeit, Glück und Heil versprechen. Hüten Sie sich vor selbsternannten Gurus, Hohepriestern und psychologischen Sekten. Wer Sie entmündigen will, führt meistens nichts Gutes im Schilde. Sie sind und bleiben für Ihre Werte selbst verantwortlich.

(2) Achtsamkeit im täglichen Leben

So manche alltägliche Lebenssituation fordert unsere Achtsamkeit heraus. Achten Sie einmal darauf: Welche Situationen erleben Sie besonders positiv? Welche empfinden Sie als negativ? Wie gehen Sie mit solchen Situationen um? Achten Sie auch darauf: Wie geraten Sie in diese Situationen?

Stress, Überforderung, Panikattacken

Die meisten Menschen sind von Zeit zu Zeit gestresst. Das ist mitunter sogar belebend und positiv (»Eu-Stress«). Ausgesprochene Stress-Typen brauchen Wirbel in ihrer Umgebung, um sich wohl zu fühlen und als Personen zu spüren.

Stresssituationen treten von Zeit zu Zeit überall auf, in einer Partnerschaftsbeziehung, in der Familie, im Beruf und in der

Freizeit. Wir sind sogar im Urlaub besonders stressanfällig. Unsere Erwartungen und die Wirklichkeit klaffen in der sogenannten schönsten Zeit des Jahres für viele Menschen recht weit auseinander. Schon stecken sie im Stress, vor allem wenn eine ganze Gruppe von Menschen unterschiedliche Erwartungen an die gemeinsame Zeit hegt.

Negativer Stress entsteht, wenn bestimmte Dinge und Anforderungen uns ständig überfordern.

Trainieren Sie Ihre Achtsamkeit in Hinblick auf folgende Fragen:

- Nehmen Sie wahr, wenn Sie selbst gestresst sind? Oder ignorieren Sie den Druck und machen weiter wie bisher?
- Welche typischen Stresssymptome nehmen Sie an sich selbst wahr? So könnte sich Ihr Puls beschleunigt haben, Ihre Hände könnten feucht sein oder Sie spüren ein Gefühl der Enge.
- Erkennen Sie, wodurch der Stress bei Ihnen ausgelöst wird? (durch Zeitdruck, durch andere Menschen, durch eigenes Unvermögen etc.)?
- Wie bewältigen Sie Stress? Wie bauen Sie Stress ab? Welche Techniken kennen Sie zu diesem Zweck?
- Was unternehmen Sie als Erste Hilfe bei Panikgefühlen?
- Was tun Sie, wenn Sie aus eigener Kraft nicht weiterkommen?

Sexualität

Achtsamkeit betrifft auch unsere sexuellen Begegnungen. Unsere Sexualität ist ein sensibler Bereich unseres Lebens. Wir hegen hohe Erwartungen, aber wir sind auch sehr verletzlich. So manche Enttäuschung pflastert den Lebensweg. Die Angst vor mangelnder Erfüllung stresst uns. Umso mehr müssen wir uns klarmachen: Wie gehen wir im Bett miteinander um? Auch wenn sich die Verhältnisse zwischen frisch Verliebten und einem langjährigen Ehepaar unterscheiden – dahinter steckt auch beim Sex die Herausforderung: Wer sind wir? Erkennen und respektieren wir uns gegenseitig? Der Weg zum anderen führt wie auch sonst zunächst über uns selbst. Wie stellen wir uns auf uns selbst ein? Wie gehen wir mit anderen um? Betrachten Sie folgende Bereiche aufmerksam:

- Können Sie Ihrem Partner wirklich zeigen, wer Sie sind? Nehmen Sie sich am liebsten einfach, was Sie wollen?
- Kennen Sie Ihre eigenen Bedürfnisse und Vorlieben?
- Kennt Ihr Partner Ihre Bedürfnisse und Vorlieben?
- Kennen Sie die Bedürfnisse und Vorlieben Ihres Partners? Wie gehen Sie darauf ein?
- Was tun Sie, wenn Sie Sex wollen, Ihr Partner aber nicht?
- Wie verhalten Sie sich in einer solchen Situation?
- Was nehmen Sie an Ihrem Partner beim Sex wahr? Wo sind Ihre Gedanken?
- Können Sie Ihrem Partner beim Sex in die Augen schauen?

Freude, Glück

Voller Freude, randvoll glücklich, begeistert und geradezu euphorisch: Wir erleben solche Gemütszustände zwar nicht täglich, aber doch ab und zu. Sie gehören auch zum Leben. Wie gehen wir damit um, wenn wir wirklich glücklich sind? Das ist gar nicht so einfach. Jedem Glück wohnt sozusagen ein »Luftloch« inne: Wir fürchten uns schon während des Glücklichseins vor einem möglichen kommenden Absturz und sei es nur in den normalen Alltag. Manchmal versuchen wir, unser Glück zu verlängern. Und manchmal trüben wir selbst unsere Freude, weil wir das Ende im Blick haben, wenn die Sache noch nicht vorbei ist.

Ein Beispiel: Jedes große Fest läuft nach einem Rhythmus ab. Nach der Anlaufphase und dem Höhepunkt kommt irgendwann der stimmungsmäßige Abfall. Manche Menschen gehen aus diesem Grund am liebsten dann, wenn es am schönsten ist. Andere gehen gar nicht und versuchen das Ende zu überlisten.

Wie halten Sie es mit Ihrer Freude?

- Können Sie gelegentlich einen Glücksrausch erleben?
- Können Sie sich Ihrer Freude überlassen und ganz in der Situation aufgehen?
- Welches Gefühl für Zeit haben Sie dabei?
- Teilen Sie Ihre Freude mit anderen? Wie machen Sie das?
- Wenn der Glücksrausch nachlässt: Wie verhalten Sie sich?
- Wie gehen Sie nach einem großen Glücksgefühl damit um:
    - Ist die Sache für Sie erledigt?
    - Sind Sie danach enttäuscht und unglücklich?
- Betrachten Sie das Glück als Versprechen auf die Zukunft? Freuen Sie sich auf ein nächstes Mal? Oder suchen Sie sofort nach neuem Glück?
- Bewahren Sie das Glück in sich auf und erinnern sich dankbar?

Niedergeschlagenheit, Lebensebbe

Ebbe und Flut gibt es in jedem Leben, nur nicht so regelmäßig und kalkulierbar. Nicht nur depressive Menschen spüren von Zeit zu Zeit eine erdrückende Langeweile in ihrem Leben. Sie sind niedergeschlagen und kraftlos, womöglich gar traurig – und wissen dabei eigentlich nicht, weshalb. Gesunde Menschen kommen mit solchen Phasen halbwegs zurecht. Sie erleben diese Zustände nicht so intensiv, fühlen sich davon nicht in ihrer Existenz bedroht.

Wie gehen Sie mit solchen Zuständen um?

- Ich kenne solche Gefühle überhaupt nicht.
- Ich tue so, als wenn nichts wäre. Ich ignoriere meinen Gemütszustand.
- Dagegen kann man nichts machen. Ich warte ab, bis es vorbei ist.
- Ich versuche zu verstehen, warum ich unzufrieden oder niedergeschlagen bin. In der Regel komme ich dahinter.

- Ich habe eine Reihe von Möglichkeiten, um mir in solchen Situationen eine kleine Freude zu machen.
- Ich kann meine Niedergeschlagenheit manchmal einem anderen Menschen anvertrauen. Das erlebe ich als angenehm.

(3) Achtsame Gespräche führen

Wir kommen mit anderen Menschen am häufigsten über das Gespräch in Kontakt. Das gilt für die Familie, den Beruf oder die Freizeit. Auf dieser Bühne ist unsere Achtsamkeit in doppelter Weise gefordert. Wir wollen uns selbst und unsere Wirkung auf andere im Blick haben, aber auch unsere Gesprächspartner, ihre Ziele und Interessen.

Kommunikation zwischen Menschen findet aber nicht nur direkt über das gesprochene Wort statt. Die Sachebene ist nur eine von vielen Ebenen, auf denen wir Botschaften austauschen. Nonverbale Signale beeinflussen den Verlauf eines Gesprächs oft sogar deutlicher, als unsere Worte es tun.

Manchmal senden wir gleichzeitig einander widersprechende Botschaften. Jemand begrüßt uns mit herzlichen Worten – doch etwas stimmt nicht, fällt uns auf. Der andere sieht uns dabei gar nicht an! Solche widersprüchlichen Signale erreichen unser Bewusstsein oft gar nicht. Wir fühlen uns unbehaglich – ohne genau zu wissen, warum.

Empathie und ein authentisches Verhalten entscheiden, wie ein Gespräch verläuft. Das gilt für ein privates Gespräch zwischen Mann und Frau, im vertrauten Freundeskreis oder bei einer Geschäftsbesprechung am Arbeitsplatz. Achtsamkeit für andere Menschen innerhalb eines Gesprächs bedeutet: Achten Sie auf die Position dieses Menschen, sein Verhalten und seine nonverbalen Signale.

Zwischenstopp

- In welcher Situation befindet sich mein Gesprächspartner?
- Welche Sichtweisen und Interessen prägen und bewegen ihn in diesem Moment?
- Welches Verhalten legt er an den Tag?
- Wie will er von mir wahrgenommen werden?
- Wo könnte er verletzlich sein, wo muss ich behutsam sein?
- Was verbindet unsere Sichtweisen: An welcher Stelle kann ich eine Brücke bauen?
- Ich-Relativierung: Wobei ist mein Partner im Recht, wo muss ich nachgeben?

In so manchem Gespräch wollen wir andere gern von unserer Sichtweise überzeugen. Nicht immer steht die Sache im Vordergrund. Wir wollen auch Vertrauen gewinnen und uns selbst behaupten. Wollen wir Verbündete gewinnen, erfordert das viel Achtsamkeit.

Auch mit Achtsamkeit können wir eine feste Position beziehen und eine klare Meinung haben. Auch wenn wir hart in der Sache sind, können wir uns dennoch freundlich und rücksichtsvoll verhalten. Sich durchsetzen zu wollen, ist legitim und nicht moralisch anrüchig.

Es nützt Ihrer guten Sache aber wenig, wenn Sie diese schlecht vertreten. Die besten Argumente helfen Ihnen nichts, wenn sie diese belehrend und überheblich vortragen. Wer einen anderen Menschen verletzen will, braucht ihm nur vorzuwerfen: »Sie haben unrecht!«

Besonders übel wird man Ihnen in einer Meinungsverschiedenheit faule Tricks nehmen. Damit können wir andere vielleicht überlisten, erpressen oder einschüchtern. Überzeugt werden sie eher nicht sein. Zu solchen unfairen Methoden zählen etwa Herabwürdigung oder Unterstellung falscher Tatsachen. Auch Angst und negative Gerüchte werden in einer solchen Situation gern zum Nutzen der eigenen Argumente verwendet. Auf Dauer machen Sie sich so nur Feinde und erbitterte Gegner. Das Vertrauen in Sie und Ihre Fähigkeiten ist damit vertan. Achten Sie deswegen im Gespräch darauf: Verhalten Sie sich anziehend und sympathisch.

Manchmal genügt eine Geste, und Menschen fühlen sich angezogen oder abgestoßen. Achten Sie also darauf, welche Signale Sie aussenden! Überlegen Sie, was hinter Ihrem Verhalten steckt.

Zwischenstopp

- Zeigen Sie Fingerspitzengefühl.
- Gewinnen Sie das Vertrauen Ihrer Mitmenschen.
- Zollen Sie anderen Menschen Respekt.
- Reizen Sie niemanden ohne Not.
- Mäßigen Sie Ihre Selbstdarstellung.
- Bemühen Sie sich um Freundlichkeit und um Authentizität.
- Argumentieren Sie einfach und ergebnisorientiert.
  Verhalten Sie sich fair.
- Wehren Sie unfaire Gesprächsmethoden ab.

Trainieren Sie Ihre Achtsamkeit im Gespräch mit anderen, indem Sie sich mit folgenden Grundsätzen vertraut machen:

- Lassen Sie anderen Menschen Raum: Sie müssen nicht jedes Tor selbst schießen. Geben Sie den Ball rechtzeitig an andere ab.
- Belehren Sie Ihre Mitmenschen nicht ununterbrochen. Stellen Sie interessierte Fragen und gehen Sie auf die anderen Menschen und ihre Antworten ein.
- Greifen Sie gute Gedanken und Vorschläge auf.
- Vermeiden Sie absolute Formulierungen (»Das ist so und nicht anders«! – »Was Sie sagen, ist ganz falsch.«) Verzichten Sie auf negative Bewertungen anderer.
- Verhalten Sie sich nachdenklich und behutsam.

- Erlauben Sie anderen Menschen, ab und zu einen Blick auf Ihre Befindlichkeit zu werfen. (Das gilt im privaten Umfeld stärker als im Beruf.)
- Seien Sie mutig und korrigieren Sie sich selbst, wo Sie es als notwendig erkennen. Bleiben Sie geistig beweglich. Geben Sie zu, wenn Sie sich geirrt haben: »Da bin ich klüger geworden.«
- Stellen Sie Ihre Gegner niemals ohne Anlass bloß.
- Teilen Sie einen Sieg mit anderen.

Achtsamkeit bedeutet allerdings nicht, dass Sie unfaire Methoden anderer Menschen erdulden müssen. Wenn Ihr Gesprächspartner mit unfairen Mitteln kämpft, müssen Sie reagieren. Das kommt in der Arbeitswelt genauso vor wie in Ihrem Privatleben. Ignorieren Sie Foulspiel großzügig, aber nicht um jeden Preis. Wenn sich leichte Fouls wiederholen oder wenn jemand Sie unsachlich und unfair angreift, müssen Sie sich wehren. Manchmal müssen Sie hart kontern. Entscheidend ist: Stellen Sie faire Verhältnisse her. Machen Sie bedingungslos klar: So darf man nicht mit Ihnen umgehen. Lassen Sie sich von einem Menschen zu viel gefallen, nimmt er Sie irgendwann nicht mehr ernst. Beseitigen Sie die Störung und kehren Sie zu einem sachlichen Gespräch zurück.

Was genau tun Sie bei schweren Fouls? Sobald Sie die Situation erkennen, müssen Sie umgehend reagieren. Sprechen Sie die Person persönlich und direkt an. Halten Sie Blickkontakt zu ihm. Machen Sie ganz klar: Er darf mit Ihnen nicht so umspringen. Reagieren Sie angemessen und schnell. Kehren Sie so zur Sachebene zurück. Verzichten Sie darauf, sich hilflos und beleidigt zu verhalten. Halten Sie sich bei Ihrer Argumentation an folgendes Prinzip: Ihre Statements sollten einfach sein, ergebnisorientiert, fair und abwehrbereit.

15. Achtsamkeit für Führungskräfte

(1) Achtsamkeit in der Personalverantwortung

Führungskräfte nehmen in Wirtschaft, Staat und Gesellschaft eine herausgehobene Position ein. Über ihren beruflichen Erfolg entscheiden dabei nicht nur fachliche Qualitäten, ihr Fleiß oder die erforderliche Portion Glück. Praktische Qualifikationen spielen im Alltag eine erhebliche Rolle. Führungskräfte sollten unter anderem einen Informationsvorsprung erarbeiten können oder verantwortungsbewusst sein. Sie brauchen stabile Netzwerke und einen Blick für das Wesentliche. Diese unsichtbaren Spielregeln werden in Organisationen geschätzt. Wer sie nicht beherrscht, zeigt den anderen: Ich gehöre nicht dazu. Wer nicht dazugehört, dem überträgt man in der Regel keine herausgehobene Position.

Führungskräfte tragen meist auch Personalverantwortung und damit eine besondere Verantwortung für andere Menschen. Sie können ihren Mitarbeitern Weisungen erteilen und verfügen durch ihr Amt über eine bestimmte Macht. Achtsamkeit für andere Menschen und für ihre Wirkung nach außen ist eine wesentliche soziale Kompetenz.

Eine Führungskraft kann Achtsamkeit recht unterschiedlich leben. Eine Reihe von Führungsfehlern passieren aus fehlender Achtsamkeit für die eigenen Mitarbeiter. Damit beschäftigen wir uns im nächsten Abschnitt.

(2) Typische Achtsamkeitsfehler als Führungskraft

Führungskräfte haben immer eine gewisse Macht über andere. Damit kann man gut und schlecht umgehen. Manch ein Chef macht typische Achtsamkeitsfehler, weil er seine Macht missbraucht. Ein anderer tappt in Fallen, weil er seine Macht nicht wahrhaben will. Ein solcher Chef bettet am liebsten alles in ein großes »Wir« ein. Er ist lieber Kumpel als Vorgesetzter. Deshalb scheut er sich, einzugreifen und seine Macht auszuüben, auch dort, wo es notwendig wäre. Das führt auf Dauer nicht zum Erfolg. Vorgesetzte, die nur nett sein wollen, unterscheiden ungern zwischen guter und schlechter Leistung. Stattdessen nivellieren sie gern alle Leistungen. Damit sinkt aber die Motivation der Mitarbeiter. Wer jede noch so schwache Leistung lobt, statt Defizite beim Namen zu nennen, schadet seinem Team, sich selbst und der Sache. Anerkennung und Lob müssen glaubwürdig und angemessen sein, wenn sie sich positiv auswirken sollen.

Ein verbreiteter Achtsamkeitsfehler in der Führung passiert, wenn Chefs ihre Machtstellung ausbeuten, um ihre Eitelkeit zu pflegen. Sie lassen sich am liebsten von ihren Untergebenen bewundern. Doch das hat seinen Preis: Die Mitarbeiter teilen ihm ungern Fehlentwicklungen mit. Dann droht Realitätsverlust.

Verhalten Sie sich achtsam und begrenzen Sie Ihre Eitelkeit, auch wenn es Ihnen anfangs schwerfällt. Ermutigen Sie die Leute in Ihrem Team, Fehler beim Namen zu nennen und Ihnen mitzuteilen. Strahlen Sie Vertrauen aus. Dann wagen Ihre Mitarbeiter, auch unterschiedliche Sichtweisen und Fehlentwicklungen angstfrei und offen auszusprechen.

Einzelkämpfer eignen sich nicht gut als Führungskraft. Sie rutschen manchmal in eine solche Rolle, insbesondere wenn sie fachlich gut sind. Doch als Vorgesetzte kümmern sie sich wenig um Ihre Kollegen. Sie glauben meist, sie selbst könnten und wüssten alles besser. Sie fordern viel und geben wenig. Andere Menschen halten sie häufig für kühl, unnahbar und auf sich selbst bezogen.

Perfektionisten sind als Vorgesetzte nicht besonders achtsam, auch wenn es auf den ersten Blick anders aussieht. Sie sind aufs Detail versessen und können nur schwer Aufgaben delegieren. Irgendwann verlieren sie den Überblick. Sie halten die Mitglieder ihres Teams gern unselbstständig. Damit können diese keine eigenverantwortliche Tätigkeit ausüben. Manch ein Minister wollte bereits so agieren und hätten gern jede Kleinigkeit selbst entschieden. Also legten ihm seine Mitarbeiter jeden Kleinkram persönlich zur Billigung vor. Die Aktenberge im Ministerbüro wuchsen immer weiter, der Minister konnte sie allein aus Zeitgründen nicht abarbeiten. Auf diese Weise ist schnell der komplette Apparat gelähmt.

Motivation kann man als Führungskraft auch noch auf andere Weise abtöten: Man braucht nur Fehler strengstens zu verbieten. Damit erzeugt man Angst. Fehler passieren selbstverständlich trotzdem. Die Mitarbeiter werden dann versuchen, ihre Fehler mit viel Energie zu übertünchen. Leistung und Ertrag sind am Ende noch schlechter, weil man an nichts anderes mehr denkt.

Demütigende Belehrungen drücken auch einen unachtsamen Umgang mit anderen Menschen aus. Vorgesetzte sollten auf Fehlentwicklungen hinweisen und sie korrigieren. Aber Achtung: Halten Sie als Führungskraft Ihren Mitarbeitern nicht ständig ihre angebliche Inkompetenz vor Augen! Achten Sie stets auf ein respektvolles Verhalten den anderen Menschen gegenüber.

Führungskräfte können diese Verhaltensweisen noch steigern, indem sie ihre eigene Nervosität an Untergebene abgeben und den anderen die eigenen Fehler und Versäumnisse zuschreiben. Eine beliebte Methode sieht so aus: Man gibt zuerst möglichst wenige, nicht konkrete und völlig unklare Vorgaben. Anschließend können Sie natürlich leicht die erzielten Ergebnisse als unzureichend kritisieren. Sie können die Methode auch gegenüber Dritten einsetzen. Billigen Sie zunächst eine erbrachte Leistung Ihres Teams. Sobald ein höherer Vorgesetzter sein Missfallen äußert, kritisieren Sie die Sache aber vehement. Wer auf diese

Weise nicht hinter den Ergebnissen anderer steht und bei Kritik sofort umfällt, wird nicht als loyal angesehen. Ein eisiges Klima im Team ist die logische Folge. Niemand wird mehr motiviert sein. Angst macht sich breit – und diese kann nicht motivieren.

(3) Worauf Sie achten sollten: Ein Bild

Ganze Bibliotheken beschäftigen sich mit Führungskompetenzen. Ich kann hier kein Idealbild eines achtsamen Vorgesetzten zeichnen. Stattdessen nützt Ihnen vielleicht folgendes Bild.

Vergleichen Sie sich mit einem Sportler. Sehen Sie sich in Ihrer Rolle als Führungskraft mehr als Einzelkämpfer? Oder bevorzugen Sie einen Teamsport, in dem Sie eine herausgehobene Stellung besitzen?

Ein Einzelkämpfer sieht zu allererst seinen persönlichen Erfolg. Die Mannschaft soll Leistung erbringen, damit er persönlich gut herauskommt. Dahinter steckt die Maxime: »Besser ich schieße ein Tor, als andere aus meinem Team zwei Tore!« Führungskräfte tragen häufig solche Persönlichkeitszüge. Sie denken nur an ihren eigenen Erfolg und missgönnen anderen ihre guten Ergebnisse.

Auch als führendes Mitglied einer Mannschaft konzentrieren Sie sich auf den Erfolg. Sie achten aber darauf, dass Ihre ganze Mannschaft zum Einsatz kommt und jeder seine Fähigkeiten entfalten kann. Das Gesamtergebnis zählt. Dazu müssen Sie Ihre Leute kennen. Nur so können Sie die einzelnen Spieler auf Positionen einsetzen, auf denen sie besonders gut sind. Dabei wissen Sie genau: Sie können nicht von allen alles verlangen.

Führen heißt vor allem Motivieren und Ermutigen. Erkennen Sie Leistung an, aber unterscheiden Sie dabei: Loben Sie nur gute Leistungen. Wenn Sie unterschiedslos alles loben, erkennen Sie den Unterschied nicht – oder er ist Ihnen gleichgültig.

Damit Erfolg und Misserfolg deutlich werden, müssen Sie mit Ihren Leuten ständig im Gespräch bleiben. Geben Sie klare Vorgaben. Wenn es klemmt, fragen Sie Ihre Mitarbeiter: Wo und wie kann ich Sie unterstützen?

Räumen Sie eigene Fehler ein, wenn sie einmal passiert sind. Ergreifen Sie auch immer wieder die Chance, von Ihren Mitarbeitern zu lernen. Sie erweisen ihnen auf diese Weise Respekt und fördern den gemeinsamen Erfolg.

Behalten Sie den Überblick und verlieren Sie sich nicht in Details. Delegieren Sie Aufgaben und sorgen Sie dafür, dass auch andere den Ball rechtzeitig abgeben. Schwierige Charaktere gilt es auszugleichen. Wenn Sie ein bestimmtes Maß an Fehlern zulassen und möglichst niemanden verletzen, werden Sie als Führungskraft ein hohes Maß an Achtsamkeit entfalten.

16. Geben Sie gut auf sich acht!

(1) Achtsamkeit für die eigene Balance

Niemand ist vollkommen. Das gilt auch für unsere Bestrebungen nach Achtsamkeit. Verlangen Sie also nicht zu viel von sich selbst. Niemand kann sich ständig achtsam verhalten und sich selbst, alles und jeden aufmerksam im Blick behalten. Wir würden mit einer solchen Erwartung nur unser Scheitern programmieren.

Zur Achtsamkeit gehört es, die eigenen Grenzen zu kennen und sie zu akzeptieren. Überschreiten Sie sie ruhig von Zeit zu Zeit, um sie sorgsam zu erweitern. Wir brauchen aber auch Auszeiten. Gönnen Sie sich Phasen der Ruhe. Finden Sie Ihren persönlichen Weg dafür. Erkunden Sie Ihren Rhythmus zwischen Phasen der Achtsamkeit und Phasen des bewussten Abschaltens.

(2) Achtsam mit Fehlern umgehen

Auch eine entwickelte Achtsamkeit bewahrt uns nicht davor, Fehler zu begehen. Manchmal folgen wir den falschen Sternen. Wir werden auch mit mehr Übung nicht immer gleich erfassen, was gerade wesentlich ist für uns, für andere und für unsere Umgebung. Wir übersehen gelegentlich wichtige Zusammenhänge, auch wenn wir uns Mühe geben. Manche erkennen wir wenigstens spät. Manchmal bemerken wir etwas rechtzeitig und reagieren dennoch unachtsam und falsch darauf. Wer seine Achtsamkeit verfeinert, wird Fehler häufiger registrieren. Das kann Schuldgefühle und Selbstzweifel hervorrufen. Lernen Sie auch damit zu leben.

Betrachten Sie Fehlentwicklungen als Stolpersteine, an denen Sie Ihre Achtsamkeit und letztlich Ihre Persönlichkeit weiterentwickeln können. Lassen Sie eine gewisse Nachsicht mit sich walten, da nicht alles fehlerfrei vor sich gehen kann. Mit einer solchen Gelassenheit können wir darauf vertrauen: Das Leben wird uns glücken, auch wenn uns immer wieder Fehler unterlaufen können.

Achtsamkeit bedeutet deswegen auch: Bleiben wir offen genug in Bezug auf unser künftiges Leben. Dabei geht es nicht um Träumereien und phantastische Selbstüberschätzung. Ich spreche von einer Offenheit als Ausdruck einer realistischen Einstellung zum Leben. Nur so können wir das Leben wirklich leben. Lassen Sie sich von Ihren Erwartungen nicht versklaven. Ansonsten haben Sie unter dem Gesichtspunkt der Achtsamkeit schon verloren. Dann sind Sie leicht beleidigt, weil das Leben Ihnen etwas vorzuenthalten scheint. Gerade Menschen in den Wohlstandsgesellschaften hegen zuweilen erhöhte Erwartungen an sich und ihr Leben. Überprüfen Sie also beständig Ihre Werte, Ihre Ziele und Ihre Erwartungen. Dies hat nichts mit Spießigkeit oder Feigheit zu tun. Sie ist Ausdruck unserer eigenen Menschlichkeit.

(3) Keine Angst vor Entschuldigungen

Wenn wir andere verletzt haben, sollten wir nicht oberflächlich reagieren. Wir werden es zwar auch beim besten Willen nicht vermeiden, andere zu verletzen und zu ärgern. Handeln Sie aber auch nicht nach dem Motto: »Es war doch gar nichts!« So eine Verhaltensweise ist ein schwerer Fehler. Sie missachten damit die Gefühle anderer Menschen. Das schadet Ihren Beziehungen!

Achtsamkeit gegenüber anderen kann es ohne die Fähigkeit zur Entschuldigung nicht geben. Dies gilt im privaten Umfeld genau so wie am Arbeitsplatz. Viele Konflikte entstehen und festigen sich erst dadurch, dass sich Menschen nicht entschuldigen. Die meisten Menschen haben ein äußerst feines Wahrnehmungsvermögen. Sie merken sich Verletzungen lange. Das Schlechte bleibt haften. Deswegen gilt der Grundsatz: Eine späte Entschuldigung ist immer besser als gar keine.

Sie meinen, Sie können sich nicht entschuldigen? Glauben Sie, sich dabei etwas zu vergeben? Bitte akzeptieren Sie diese Begrenzung Ihrer Persönlichkeit nicht dauerhaft. Es kommt nicht darauf an, ob Ihnen Ihr Fehler vorsätzlich, fahrlässig oder völlig ahnungslos unterlaufen ist. Juristen lernen bereits in ihren ersten Semestern: Erklärungen sind vom sogenannten Empfängerhorizont her auszulegen. Das bedeutet: Es kommt nicht darauf an, was Sie eigentlich sagen wollten. Was zählt, ist: Was haben Sie tatsächlich gesagt? Wie hat es der oder die andere verstanden? Nicht die Absicht zählt, sondern das Ergebnis.

Die Achtung und der Respekt vor anderen Menschen gebieten es: Nutzen Sie Ihre Möglichkeiten, um Ihre Beziehungen zu reparieren. Sie zerstören sonst das Vertrauen, das Sie bei anderen genießen. Überlegen Sie: Vertrauen Sie jemandem, der sich nicht bedanken und nicht entschuldigen kann?

Auch hier gilt: Nur Sie können dies tun. Nur Sie können sich entschuldigen und Ihre Fehler wiedergutmachen. Das gilt gerade auch gegenüber Menschen, die statusmäßig niedriger gestellt sind als Sie oder Ihre Untergebenen. Sie haben auch die Pflicht, sich gegenüber Kindern und Jugendlichen zu entschuldigen. Sie werden sonst unglaubwürdig und verspielen jegliches Vertrauen.

Es ist erstaunlich, wie vieles sich mit einer guten Entschuldigung reparieren lässt. Es gibt Menschen, die in ihren Umgangsformen eher grob und gelegentlich verletzend sind. Man schätzt sie aber dennoch. Warum? Diese Menschen wissen genau, wann Sie eine Sache überzogen haben und wann Sie sich entschuldigen sollten. Respekt gegenüber anderen Menschen zählt. Genau dies kommt in einer ehrlichen Entschuldigung zum Ausdruck.

Nehmen Sie sich die Zeit und geben Sie Wertschätzung: Verzeihen Sie sich selbst und entschuldigen Sie sich bei anderen. Viele glauben, dass sie dadurch etwas verlieren, aber das Gegenteil ist der Fall: Sie gewinnen Vertrauen und Freiräume für sich und für Ihr Verhältnis zu anderen.

(4) Achtsamkeit für die Grenzen der Duldsamkeit

Auch Achtsamkeit und Empathie haben Grenzen. Sie müssen nicht alles dulden, schon gar nicht, wenn andere Sie schlecht behandeln. Sie sind nicht zur Wehrlosigkeit verurteilt. Nehmen Sie eine Missachtung Ihrer Person nicht hin. Setzen Sie sich mit dem rechten Augenmaß zur Wehr. Reagieren Sie nicht überempfindlich, schießen Sie nicht bei jedem harmlosen Scherz mit scharfen Worten zurück. Härten Sie sich darin ab, dann überstehen Sie kleinere Anwürfe ohne inneren Groll. Sie zeigen damit Augenmaß und Gelassenheit.

> *Verdrießlicher Dinge darf man sich nur selten ernstlich annehmen ... Und nicht die schlechteste Lebensregel ist: ruhen lassen.*
>
> Balthasar Gracián, Handorakel und Kunst der Weltklugheit

(5) Achten Sie auf den Kontakt zu sich selbst

Achtsamkeit zieht sich als Grundhaltung durch nahezu alle Lebensbereiche. Achtsamkeit hält uns aufmerksam und offen. Sie ist ein probates Mittel gegen Alltagsmüdigkeit. Mit ihr richten wir unseren inneren Kompass auf Befindlichkeiten, andere Menschen und Dinge aus, die uns wichtig sind. Das können große Ziele ebenso sein wie alltägliche Dinge, die uns auf Trab halten.

»Geben Sie gut auf sich acht« bedeutet auch: Bleiben Sie im Kontakt mit sich selbst. Welche großen und kleinen Dinge sind Ihnen heute wichtig? Setzen Sie Ihre Prioritäten selbstbewusst um. Achten Sie dabei auf Ihre Lebensfallen und Ihre Lebensthemen.

Achtsamkeit ist nichts, was man einmal erringt und dann für alle Zeit besitzt. Sie ist eine Lebensaufgabe. Bleiben Sie darüber im Gespräch mit sich selbst. Sie öffnen sich damit auch für andere. Sie brauchen dazu kein präzises Zeitmanagement. Vereinbaren Sie einfach von Zeit zu Zeit einen Termin mit sich selbst: einmal in der Woche – oder auch öfter. Machen Sie dann eine Wahrnehmungsübung oder schauen Sie sich Ihre Retrospektive im Kopf an. Die regelmäßigen Übungen werden Sie bereichern.

Nehmen Sie sich Zeit für Ihr Leben. Sie gewinnen dadurch auch ein neues Verhältnis zur Zeit. Genießen Sie das Gefühl, lebendig zu sein. Jetzt, in diesem Augenblick. Achtsamkeit kann Ihr Schlüssel dazu sein.